Die Farben der Lust

••

Renate Stendhal

Die Farben der Lust

Sex in lesbischen Liebesbeziehungen

Aus dem amerikanischen Englisch von Andrea Krug
in Zusammenarbeit mit Renate Stendhal

Krug & Schadenberg

Inhalt

Jeder Teil von dir besitzt eine geheime Sprache.
Deine Hände und deine Füße erzählen,
was du getan hast.
Und jedes Bedürfnis trägt bei, was nötig ist.
Schmerz birgt seine Linderung wie ein Kind.
Nichts zu haben bewirkt Gaben.
Stell eine schwierige Frage
und die wundersame Antwort erscheint.

Rumi

Vorwort

Die sieben Stadien des lesbischen Begehrens
Oder: *Was hat die Wahrheit damit zu tun?*

Als junge Lesbe hatte ich geradezu panische Angst vor dem Verlust sexueller Leidenschaft und hegte große Zweifel, ob es mir gelingen würde, dem zu entrinnen. Monogamie schien mir der sichere Weg zu sexueller Langeweile. Meine Erfahrung mit serieller Monogamie lehrte mich, dass das Begehren unweigerlich einem langsamen Tod geweiht war. Doch meine Intuition sagte mir etwas anderes. Die Behauptung, dass Leidenschaft und Intimität nicht nebeneinander bestehen können, roch verdächtig nach einem patriarchalen Mythos. Ich begann diese berühmte Unvereinbarkeit zu hinterfragen. Es musste einen Weg geben, anhaltende Liebe und heißen Sex in Einklang zu bringen.

Es gibt Zeiten im Leben, in denen Monogamie einen zu großen Kampf gegen unsere Hormone erfordert oder in krassem Gegensatz zu dem Zeitgeist steht, dem wir uns verpflichtet fühlen. Solch eine Zeit erlebte ich während der zweiten Welle der Frauenbewegung in den siebziger Jahren. In Paris, wo ich damals lebte, strömten täglich neue Frauen in die politischen Versammlungen und Selbsterfahrungsgruppen – und jede von ihnen war eine potentielle Verführerin oder ein Objekt des Begehrens. Das erotische Vermögen von Frauen schien grenzenlos: Frau mit Frau, mit zwei Frauen, drei Frauen, einem ganzen Kollektiv, einem ganzen Raum voller Frauen. Zu dieser Zeit hatte Monogamie natürlich nicht die geringste Chance.

Während meiner promiskuitiven Jahre gestand ich mir kaum jemals ein, dass mir etwas fehlte. Meine Abenteuer, meine Affären und polyamourösen Experimente waren eine gute sexuelle Lehrzeit, aber sie entpuppten sich oft als emotional oder intellektuell frustrierend oder erstickten an eifersüchtigen Komplikationen. Die sexuelle Hochstimmung war kurzlebig. War ich immer noch auf der Suche nach »der Richtigen«? Ein romantischer Mythos? Ich gelangte schließlich zu der Überzeugung, dass die auf ewig sexuell attraktive, interessante und faszinierende Frau meiner Träume nicht existierte.

Als ich mich im Alter von einundvierzig Jahren erneut ernsthaft verliebte, war ich demzufolge misstrauisch – trotz meines Entzückens. Ich zog nach Berkeley, Kalifornien, um mit dieser Frau zusammenzusein, die ebenfalls Autorin und Feministin war und meine Liebe zur französischen Kultur und zur deutschen Lyrik teilte. Doch ich war entschlossen, nicht einen Tag länger bei ihr zu bleiben, als meine sexuelle Leidenschaft währte.

Heute, achtzehn Jahre später, hat sich meine frühere Intuition bestätigt: Leidenschaft und Intimität schließen sich nicht zwangsläufig aus. In einer Beziehung ist vieles möglich, wenn die beiden Liebenden zueinander passen, wichtige Interessen miteinander teilen, einander mögen wie beste Freundinnen, sich immer noch anziehend finden, neugierig aufeinander bleiben und, am wichtigsten von allem, sich trauen, ehrlich miteinander zu sein. Zu meiner Überraschung stellte ich fest, dass Wahrheitsliebe im Umgang mit Gefühlen und Körperempfindungen der Schlüssel für anhaltendes Begehren sein kann. Das hatte mir, soweit ich mich erinnern konnte, nie jemand gesagt. Zwar ist viel die Rede davon, dass Ehrlichkeit in allen ethischen und moralischen Beziehungen und natürlich in Liebesbeziehungen eine wichtige Rolle spielt, doch wer hätte je gedacht, dass Ehrlichkeit erotisch sein könnte? Dass Wahrheit ein Aphrodisiakum sein könnte?

Als ich mich in Kim, meine Amerikanerin in Paris, verliebte, bestand einer unserer besonderen erotischen Genüsse darin, zusammen Obst zu essen. Ich erinnere mich an den Morgen nach unserer ersten Liebesnacht in Paris. Meine Wohnung bestand aus drei winzigen *chambres de bonnes,* Mädchenkammern, in der Mansarde eines alten Hauses. Sie gingen auf einen Hof mit einer Kastanie hinaus, hinter der sich kilometerweit graue Schieferdächer und ziegelrote Schornsteine erstreckten, bis das Auge am Horizont auf den Eifelturm traf. Ich schlich mich in aller Frühe hinaus, als Kim noch schlief, und kaufte frische Croissants und Erdbeeren. Als sie aufwachte, küsste ich sie und fütterte sie, fütterte sie und küsste sie. Ich bot ihr eine Erdbeere an, die ich zwischen meinen Zähnen und Lippen hielt, und neckte sie, indem ich nicht losließ, als sie in die Beere beißen wollte. Dieses Spiel, bei dem ich sie fütterte, mich ihr entzog, dann wieder nachgab und sogar die Beere verfolgte, die bereits in ihrem Mund verschwunden war, stellte einen besonderen Anreiz für mich dar. Es spielte mit den klassischen Elementen der Verführung: sich darbieten und sich enthalten, Verfolgung und Flucht, Aggression und Hingabe. Die Mischung aus saftig-süßer Frucht und Zunge war ein erotisches Hors d'œuvre, das ein Fest ohnegleichen versprach.

Wir wiederholten dieses Spiel anschließend noch viele Male – mit Kirschen, Schokolade und anderen Köstlichkeiten. Jedesmal, wenn wir es spielten, fanden wir uns in meine kleine Wohnung zurückversetzt mit der Zimmerpalme und der Ma-

tratze auf dem Boden, dem Licht, das durch das Fenster herein-
flutete, und dem Begehren, das unsere überraschten, berück-
ten Körper durchströmte.

Doch irgendwann in Laufe der Zeit verschwand dieses Spiel
von unserer Speisekarte. Wir vergaßen es einfach – ich zumindest, denn eines Tages stellte ich fest, dass es verschwunden
war. Als ich versuchte, es zurückzuholen, zusammen mit den
liebgewonnenen Erinnerungen an die Zeit unserer anfänglichen
Leidenschaft, gelang es mir nicht. Kim war nicht länger in der
Stimmung, es zu spielen. Irgend etwas hatte sich verändert.
Anfangs war ich beunruhigt; ich fühlte mich zurückgewiesen,
ich war bestürzt. Mir dämmerte, dass es auch noch andere
Lieblingsspielarten der erotischen Kommunikation gegeben hatte, die wir fallengelassen oder die uns im Lauf der Zeit verlassen hatten. Ich musste zugeben, dass auch meine sexuellen
Vorlieben nicht mehr dieselben waren wie früher: Auch ich
enthielt Kim erotische Genüsse vor, die sie einmal besonders geschätzt hatte, zu denen ich jedoch keine Lust mehr
verspürte. Ging uns unser sexueller Appetit verloren? Fingen
wir an, uns miteinander zu langweilen? Erhob das Schreckgespenst des lesbischen Bettentods wieder einmal sein schau-
riges Haupt?

Ich vermute, dass alle Paare, die das Stadium der Verliebtheit überdauert haben, die Situation wiedererkennen. Es ging
mir plötzlich auf, dass Kim und ich ähnliche »Klimaverände-
rungen« in unseren früheren Beziehungen erlebt hatten. Als
Therapeutin hörte ich darüber hinaus auch von meinen Klientinnen einiges über diese wechselnden erotischen Stimmun-
gen. Das Muster des Begehrens, das sich in Beziehungen gewöhnlich abzeichnet, würde ich folgendermaßen beschreiben:

Stadium 1: Verliebtsein

Dieses Stadium stellt den Hauptbezugspunkt in unserer Kultur dar. Auf dieses Stadium werden wir von Anfang an zugerichtet mit Märchen von Prinzen und Prinzessinnen, die sich auf den ersten Blick ineinander verlieben und auf geheimnisvolle Weise bis an ihr Lebensende glücklich miteinander sind. Unzählige Filme führen uns Menschen vor, die sich ineinander verlieben. Wir bekommen es so oft demonstriert, dass wir automatisch annehmen, dass Liebe dasselbe ist wie Verliebtsein – oder zumindest so aussieht. Wir begreifen nicht, dass Verliebtsein kein Normalzustand ist. Es ist wie ein Drogentrip, ein außergewöhnliches High. Wir befinden uns in einem Ausnahmezustand. Unser Gleichgewicht ist aus dem Lot, und wir geraten in Gefahr, über unsere eigenen Füße zu stolpern, uns lächerlich oder gar unmöglich zu machen. Wir können vom Objekt unseres Begehrens völlig besessen sein. Alles, was wir tun, und alles, was unsere Angebetete tut, wird mit bangem Eifer auf der Skala »Komme ich ihr näher?« bemessen. Fühlt sie sich zu mir ebenso hingezogen wie ich mich zu ihr? Oder wird es nur zu einer Freundschaft reichen? Wir sind verabredet: Werden wir Sex miteinander haben? Wer macht den ersten Schritt? Was, wenn der Sex enttäuschend ist? Wird das alles ruinieren? In diesem erregten Zustand der Ungewissheit, des gesteigerten Begehrens und Bangens essen wir kaum, schlafen wir kaum, vergessen wir unsere Pflanzen zu gießen, schwänzen wir die Schule, vernachlässigen wir unseren Job. Wir können es als einen nicht weiter gefährlichen Fall von Wahnsinn bezeichnen.

Stadium 2: Flitterwochen

Der harmlose Fall von Wahnsinn dauert an. Die sexuelle Macht dieses Stadiums fegt all unsere Grenzen hinweg. Über Nacht verwandeln uns Ekstase, Angst und Begehren in Abenteuerinnen, in Entdeckerinnen unbekannter Kontinente von Leib und Seele. Wir lieben einander. Wir überwinden unsere üblichen Hemmungen. Plötzlich mögen wir den Anblick unseres Körpers im Spiegel und trauen uns, nackt zu tanzen. Plötzlich haben wir keine Bedenken, von allem, wonach uns verlangt, soviel zu essen, wie wir wollen. Wir entdecken unsere Lust auf oralen Sex. Mit erstaunlicher Risikofreude lassen wir uns auf sexuelle Spiele ein, die wir uns bis dahin allein in unserer Phantasie gestattet haben. Wir schweben im siebten Himmel. Wir sind wieder jung. Wir tanzen die ganze Nacht hindurch, kaufen uns ein Zelt, lassen uns ein Tattoo machen, tauschen unseren alten VW gegen einen Funcruiser ein. Wir erfassen die Bedeutung des Lebens: endlich leben wir, voll und ganz, und wir werden nie wieder aufhören, auf diese Weise zu leben und zu lieben – voller Leidenschaft.

Stadium 3: Vertraut miteinander werden

Wir wollen uns nicht trennen. Wir haben einander mit dem Eifer von Forschungsreisenden und Anthropologinnen erkundet. Wir finden, wir passen gut genug zusammen, um ein Paar zu bilden. Doch noch kennen wir uns nicht wirklich. Wir machen weiterhin Entdeckungen, die das Gefühl von sexuellem Abenteuer und emotionaler Bereicherung lebendig halten. Wir schmieden Zukunftspläne. Wir überqueren Meere und Kontinente, um miteinander zu leben. Wir entwickeln gemeinsame Gewohnheiten, Muster, Routinen. Wir stolpern über unsere Unterschiede, sind jedoch geneigt, über sie hinwegzusehen, und sonnen uns in unserer Fähigkeit, großzügig zu sein. Wir sind verliebt ineinander und bauen eifrig an unserem Nest.

In diesem geschäftigen Post-Flitterwochen-Stadium der Intimität waren Kim und ich uns nicht bewusst, dass wir weit mehr taten als »Haus zu spielen« – dass wir das Fundament für das Haus mit den vielen Räumen legten, das unsere Beziehung sein würde. Viele Paare nehmen es, glaube ich, für selbstverständlich, was sie hinsichtlich Team-Bildung, Partnerschaft und Fürsorglichkeit in diesem frühen Stadium erreichen. Sie sind sich nicht bewusst, dass sie Ressourcen anlegen, die für ein ganzes Leben reichen können, wenn sie weiterentwickelt werden. Es erfolgt eine Menge Beziehungsarbeit, bewusst wie unbewusst, während die beiden Liebenden versuchen, ihre sexuellen Entdeckungen und die Risiken, die sie eingegangen sind, zu integrieren. Für Kim und mich hat dieses Gefühl der Nähe zu einem gewissen Grad dazu geführt, uns von der Welt abzuschotten – ein Phänomen, das viele Paare erleben. Es gibt das Bedürfnis, sich schützend abzukapseln oder zu verschmelzen, wenn wir unseren individuellen Spielraum und Tatendrang zugunsten unseres Zusammenseins als Paar einschränken. Das Abenteuer zunehmender Intimität kann die Schwierigkeiten verschleiern, die jedes neue Paar zu bewältigen hat: den radikalen Wandel im Leben beider Partnerinnen, Verunsicherung erzeugende Kompromisse, eine gehörige Portion Ungewissheit und eine Menge unbeantworteter Fragen über die Geliebte.

Wenn ich heute zurückblicke, weiß ich, dass mir in jenem Stadium nicht klar war, dass Kim und ich uns gegen große Ungewissheiten mit einer hochfliegenden, entschlossenen Vision unserer gemeinsamen Zukunft wappneten.

Stadium 4: Differenzierung

Die Flitterwochen sind endgültig vorüber. Wir sind stolz darauf, als Paar erfolgreich zusammengefunden zu haben. Doch es gibt Augenblicke, da sind wir schockiert, wenn wir feststellen, dass wir beispielsweise im Beisein anderer unterschiedliche Ansichten vertreten. Das Bild, das wir der Welt – und uns selbst – präsentiert haben, weist Risse auf. Plötzlich wird offenkundig, dass wir nicht aus demselben Holz geschnitzt sind. Und ebenso dämmert uns, dass wir anders sind als damals, als wir frisch ineinander verliebt waren. Wir sind nicht mehr so großzügig und kämpfen statt dessen mit Gefühlen von Konkurrenz, Neid, Eifersucht und ziehen penibel Grenzen um unseren Eigenraum, unsere individuellen Bedürfnisse. Kim und ich zettelten beispielsweise heftige Auseinandersetzungen über feministische Ideale an, über die wir uns einig gewähnt hatten. Und unter diesen ideologischen Klippen entdeckten wir vollkommen gegensätzliche Ansichten über die Einbeziehung von Ex-Geliebten in unser Leben. Das ist nur ein typisches Beispiel für das, womit Paare sich in diesem Stadium gewöhnlich auseinandersetzen müssen. Das Idealbild, das wir voneinander haben, löst sich auf, und wir erinnern uns an die alte Weisheit: Vertrautheit erzeugt Geringschätzung. Einander nah gekommen zu sein hat die Büchse der Pandora geöffnet. Plötzlich stehen wir da – nackt, schockiert über das, was wir sehen. Wir bekämpfen diese Einsicht, und wir bekämpfen einander. Wir kämpfen um die Kluft zwischen den Verheißungen unserer Flitterwochen und unserer Entzauberung, die Kluft zwischen unseren Erwartungen und unserer gegenwärtigen Realität. Es gibt Augenblicke, da scheinen wir uns vollkommen entliebt zu haben, und unsere Chancen, zusammenzubleiben, scheinen mehr als dürftig. Wir stellen unsere Beziehung in Zweifel und fragen uns verwundert, warum wir uns je mit dieser Frau eingelassen haben, die doch so gar keine Ähnlichkeit mehr mit derjenigen aufweist, in die wir uns verliebt hatten, der Frau, die unsere ideale Geliebte zu sein schien, die »einzig Richtige«. Eine große und manchmal hoffnungslose Nostalgie setzt ein, die um das kreist, was einmal war.

Manche Paare trennen sich wegen der fortwährenden Missstimmung und Entzauberung in dieser Phase. Sie wissen nicht, wie ihnen geschieht, und sie erkennen das Potential nicht, das dieser Phase innewohnt. Andere Paare überdauern diese Turbulenzen, weil ihr Sexleben durch die heiß-kalten Wechselströme des Streitens und Versöhnens magisch angefacht wird. Die Distanz, die ein ernsthafter Streit normalerweise bei einem Paar bewirkt, schafft wieder Raum für Begehren. Ich erinnere mich, wie in diesen turbulenten Zeiten Momente sexuellen Glücks die Erinnerung an unsere Anfangszeit wachriefen und uns unsere ursprüngliche Beziehungsvision wieder vor Augen führten. Doch die Momente leidenschaftlichen Zorns schienen mir anfangs überwältigend. Da ich aus einer Familie stamme, in der Gefühle kaum jemals laut geäußert wurden, hielt ich Zorn für unerträglich und beziehungsgefährdend – bis mich meine Therapeutin eines Tages mit ernst-

hafter Neugier fragte: »Warum darf man nicht mal herum-
schreien?«

Stadium 5: Anpassung und Resignation

B ei vielen Paaren macht sich nach Stadium 4 das schlei-
chende Gefühl breit, sich der »Realität« zu beugen und
sich mit weniger begnügen zu müssen, als sie sich erhofft hatten. Das ist gewöhnlich die Zeit, in der wir feststellen, dass
unser Sexleben abgeflaut ist. Wir sind der Konflikte müde, haben Angst, einander noch weiter herauszufordern, und fürchten, die Beziehung aufs Spiel zu setzen, wenn wir »zuviel«
fordern. »Zuviel« heißt gewöhnlich »zuviel Sex«, und Sex ist
natürlich der tiefste, intimste, riskanteste Bestandteil unserer
Liebe füreinander. Um auf mein Beispiel zurückzukommen: Ich
hätte mich sang- und klanglos von den Erdbeeren verabschieden können ... und fortan einen heimlichen Groll gehegt. Sex
ist außerdem oft der konfliktreichste Bestandteil unserer Beziehungen, da Mädchen und Frauen in unserer Kultur auf viel-
fältige Weise ein ambivalentes Verhältnis zu Sex vermittelt
wird. Wir werden in dem Glauben erzogen, dass wir ganz gut
auf das leidige Thema Sex verzichten können, wenn wir nur
genügend Schmuse- und Streicheleinheiten bekommen.

Ich bin Paaren begegnet, die mit diesem Arrangement zu-
frieden waren. Ihre Beziehung wies genügend solide Aspekte
auf, um ohne Sex fortzubestehen, insbesondere um die Zeit der
Menopause. Doch in der Regel führt der Kompromiss, den Sex
zu opfern, um den Frieden zu erhalten, zu größerem Zoff.

Stadium 6: Rebellion und Versuchung

In diesem Stadium beginnt mindestens eine der Partnerinnen am Fundament des hart errungenen Friedens zu rütteln. Gewöhnlich spricht eine Partnerin die sexuelle Frustration des Paares an und drängt auf Veränderung. In meinen vergangenen Beziehungen war das unweigerlich meine Rolle. Wenn sich keine Veränderung – mehr Sex, besserer Sex, romantischerer Sex usw. – abzeichnet oder sie zu langsam vor sich geht, dann erzwingt gewöhnlich eine der beiden eine Entscheidung und drückt auf den großen Beziehungsknopf. In meinem Fall hieß das, ich gab meiner Partnerin einige ernsthafte Warnzeichen und stürzte mich anschließend in eine Affäre. Wir alle wissen, wie sich die Atmosphäre bei Spannungen dieser Art aufheizt. Nörgelei, Anzetteln von heftigen Auseinandersetzungen, offene oder verstreckte Provokation, Flirts mit Fremden, Versuche, die Partnerin eifersüchtig zu machen, heimliche oder offene Rebellion mittels einer Affäre – das sind die klassischen Wege, um aus dem Käfig einer an Sexmangel leidenden Beziehung auszubrechen. Wenn sich das Paar in diesem Stadium des Konflikts keine Unterstützung holt, läuft die Lösung gewöhnlich auf Trennung hinaus.

Stadium 7: Trennung

Eine Partnerin hat sich neu verliebt, oder beide Partnerinnen fühlen sich völlig verausgabt und leiden an gebrochenem Herzen. Sie trennen sich voneinander – und mit einer neuen Partnerin beginnt der Kreislauf von vorn.

Als ich mir meine früheren unbefriedigenden Beziehungen ansah, fiel mir auf, dass jedesmal einige entscheidende Wahrheiten nicht ausgesprochen oder nicht gehört worden waren. Diese Wahrheiten hatten immer mit Scham zu tun – Scham angesichts eines Gefühls, eines Bedürfnisses, eines unausgesprochenen Geheimnisses. Selbst wenn wir uns immer noch zugetan waren wie allerbeste Freundinnen, blieb in Abwesenheit der Wahrheit ein heimlicher Groll, der sich unter der Bettdecke ausbreitete. Das Gefühl von Distanz, vager Einsamkeit und Langeweile zehrte mein Begehren auf ... bis kein sexueller Appetit mehr übrig war. Meine Beziehung glitt vom Stadium 4 unweigerlich ins Stadium 7, in dem es hieß »Good bye, Baby!«.

Inzwischen kam ich mir vor wie der Sherlock Holmes des lesbischen Bettentodes. Wenn die Wahrheit an allem schuld war, wenn sie der Dreh- und Angelpunkt des Ganzen war, würden wir dann nicht das entgegengesetzte Resultat erzielen, wenn wir sie ans Licht brächten?

Und genau das fand ich bestätigt. Einer Geliebten die Wahrheit zu gestehen, die weiß, was wir riskieren, und die das gleiche Risiko eingeht, kann den Lauf der Dinge tatsächlich ins Gegenteil verkehren. Die Wahrheit zu sagen ist ein Abenteuer, ein Aufgeben von Kontrolle, um etwas Wagemutiges zu tun. Das ist eine Eigenschaft, die Wahrheit und guter Sex gemein haben. Aber es ist bei weitem nicht das einzige. Mit jeder gut vorgebrachten und gut entgegengenommenen Wahrheit können wir Stadium 4 in eine neue Version von Stadium 1 verwandeln: uns neu verlieben oder, anders gesagt, uns reifer verlieben. Die Wahrheit hält ein Versprechen für uns bereit: die immerwährende Erneuerung von Liebe und Begehren ... vielleicht gar, bis dass der Tod uns scheidet.

Eine Frau erschien

Tief in unserem Inneren wissen wir letztlich,
dass die Kehrseite jedweder Angst Freiheit ist.

Marilyn Ferguson

Annäherung

Die Verwirrspiele um Liebe und Sex, Sex und Wahrheit haben mich immer schon fasziniert. Das erste Buch, das ich gemeinsam mit meiner Partnerin Kim Chernin in Berkeley veröffentlicht habe, war *Sex and Other Sacred Games* – die Geschichte zweier völlig unterschiedlicher Frauen, einer lesbischen Feministin und einer *femme fatale,* die sich über eine zentrale Frage streiten: Was wird in einer langjährigen Beziehung aus Begehren und sexueller Anziehung? Ist monogamer Sex zum Tod durch Langeweile verurteilt? Ist Nähe ein Hemmschuh für Begehren? Sind heißer Sex und Intimität je vereinbar? Das sind Fragen, die sich meines Erachtens viele von uns stellen.

In *Sex and Other Sacred Games* behauptet die eine der beiden Frauen, dass zwei einander verbundene Partnerinnen das sexuelle Feuer am Leben erhalten können, wenn sie die Wahrheit am Leben erhalten. Sie sagt: »Die Wahrheit ist, glaube ich, das stärkste Aphrodisiakum von allen.« Was genau meint sie damit? Dass es eine besondere Verbindung zwischen Liebe, Sex und Wahrheit gibt? Dass Wahrheit Lust weckt? Besser als Alkohol, Drogen, Schmerz oder Getrenntsein?

Bevor wir *Sex and Other Sacred Games* schrieben, habe ich in Paris an Selbsterfahrungsgruppen teilgenommen, quer durch Europa feministische Projekte verfolgt, Diskussionen und Workshops geleitet sowie über das Thema weibliche Erotik und Sexualität gesprochen und geschrieben. Nach meiner Übersiedlung nach Kalifornien habe ich Psychologie studiert und angefangen, als Therapeutin zu arbeiten. Seitdem habe ich mit vielen Frauen in meiner Praxis und im privaten Kreis über Sex gesprochen. Sex war für mich seit der Zeit meiner Jungmädchen-Tagebücher ein Rätsel, eine Qual und eine leidenschaftliche Herausforderung. Ich habe über mein vorhandenes oder nicht vorhandenes Sexleben gebrütet, über den Unterschied zwischen Männern und Frauen und über das Handicap, dem »anderen Geschlecht« anzugehören. Auf dem berühmten dunklen Kontinent der weiblichen Sexualität habe ich versucht, meine eigenen Antworten auf Freuds Frage zu finden: »Was will das Weib?«

In *Die Farben der Lust* sind dementsprechend verschiedene Dinge eingegangen: eine feministische Perspektive, meine persönlichen Erfahrungen mit Frauen wie auch mit Männern sowie Auskünfte von den Paaren und den Einzelpersonen, mit denen ich gesprochen und gearbeitet habe.

Die erotischen Heldinnen dieses Buches sind Annie und Lou, Sybil und Mariushka, Petra und Selena – drei Paare, die zu mir kamen, um über Sex zu sprechen. Über zuviel Sex im ersten Fall, nicht genügend Sex im zweiten und gar keinen Sex im dritten Fall. Wir werden die drei Paare in ihrem Bemühen begleiten, sich mit ihren Enttäuschungen auseinanderzusetzen und ihre Beziehung zu retten, und wir werden sehen, welche Rolle die Wahrheit in allen drei Fällen spielt. Die Wahrheit zu sagen ist eine Fähigkeit, die es wert ist, erworben und verfeinert zu werden. Die Geschichten dieser drei Paare werden zeigen, dass diese Fähigkeit in der Tat erworben werden kann und dass wir sie keineswegs vollkommen meistern müssen, bevor wir ihre erotischen Früchte ernten.

Wenn ich mich als Autorin einem intimen und herausfordernden Thema wie Sex widme, ist es nur fair, der Leserin eine Vorstellung von meinem Hintergrund zu vermitteln.

D'où tu parles? So lautete das ethische Motto, an dem sich die französische Frauenbewegung von Anfang an bei jedweder Kommunikation in Gruppen und Versammlungen orientierte. *D'où tu parles?* – »Von wo aus sprichst du?« hieß, *Sag uns, wo du herkommst, erkläre uns deinen Hintergrund, gib uns eine Perspektive, ein Werkzeug, das uns erlaubt zu verstehen, was du sagst. Wir wollen nicht vergessen, dass alles, was wir wissen, und somit alles, was wir sagen können, persönlich ist. Dass es ein bestimmter Standpunkt ist, der auf den Erfahrungen einer bestimmten Frau basiert, auf ihrer Klassenzugehörigkeit, ihrer ethnisch-kulturellen Herkunft, dem Bewusstsein ihres sozialen Geschlechts, ihrer wirtschaftlichen Situation, ihrer sexuellen Orientierung, ihren Gedanken, ihrer politischen Überzeugung, ihrer Philosophie. Wir wollen nicht für jemand anderen sprechen; wir wollen nicht verallgemeinern und damit zwangsläufig eine Vielzahl anderer Lebenswelten ausschließen, die den Erfahrungshintergrund unserer Schwestern bilden.*

Das Persönliche war in der Tat politisch. Die radikale Forderung, bei der persönlichen Erfahrung zu bleiben und die Unterschiede zwischen Frauen nicht in Verallgemeinerungen zu verwischen, lief unserem neugeborenen Enthusiasmus und dem radikalen Bedürfnis, »wir« zu sagen, zuwider: *Wir sind Schwestern, wir sind Frauen, wir sind eine atemberaubende Macht ...*

Ich gebe zu, dass ich noch immer gern »wir« sage, unter anderem deshalb, weil mir die Redeweise suspekt ist, die ich als Du-Sprache bezeichne – eine Redeweise, in der ich alles anklägerisch auf »dich« richte, während ich mich selbst ausklammere. Wenn ich beispielsweise sage: »Wenn du Sex mit einer Unbekannten hast ...«, dann klingt das vielleicht, als ob ich diese Möglichkeit für mich selbst ausschlösse (was ich gewiss nicht tue). Indem ich »wir« sage, möchte ich keinesfalls die Unterschiede zwischen uns übertünchen – ich meine es vielmehr als Einladung oder Angebot, mögliche Gemeinsamkeiten zu entdecken. Für mich steht »wir« für *viele von uns,* für *wenigstens einige von uns,* für *allerwenigstens wir zwei.*

Mein »wir« bedeutet stets, dass ich nicht von der Annahme ausgehe, dich zu kennen, oder dass ich etwas besser wüsste als du. Du, liebe Leserin, bist eingeladen, dich nach Herzenslust angesprochen zu fühlen, insbesondere wenn du in meinen Überlegungen deine eigenen Erfahrungen wiederfindest oder dir die Art, wie die drei Paare mit ihren sexuellen Herausforderungen umgehen, bekannt vorkommt. Sprache ist eine heikle Sache, wie wir manches Mal sehen werden, aber sie lässt uns stets die Wahl: die freie Entscheidung, von Augenblick zu Augenblick, ob wir uns mit eingeschlossen fühlen möchten oder nicht. Das ist bereits die Schwelle, an der Wollen oder Begehren beginnt.

»Von wo aus sprichst du?«

Meine Erziehung war ziemlich puritanisch und damit typisch für die Mittelschicht im Deutschland der Nachkriegszeit. Ich erinnere mich an meine ersten Lebensjahre in Berlin, kurz nach dem Krieg und während der Berlin-Blockade, als meine gesamte Familie mit der Jagd auf Nahrungsmittel und andere überlebenswichtige Dinge befasst war. Mein kommunistischer Großvater hielt Kaninchen, Enten und Hühner in unserem kleinen Garten, in dem er neben Kartoffeln und Gemüse auch Tabak für sich anbaute. Ringsum herrschte ein chaotischer, abenteuerlicher, kreativer Geist, der sich dem Überleben allen Widrigkeiten zum Trotz verschrieben hatte. Mitte der fünfziger Jahre hatte Deutschland sich dann allerdings bereits wieder recht behaglich eingerichtet und verfolgte das Ziel, reich und respektabel zu werden. Gefühle von Schuld und Scham über die unmittelbare Vergangenheit – den Nazi-Terror, den Massenmord an der jüdischen Bevölkerung, den angezettelten Krieg – lagen unter einer bleiernen Decke des Schweigens. Das Land (und damit die meisten Familien, wie meine) war besessen von den Errungenschaften und Belohnungen des Wirtschaftswunders.

Ein neuer moralinsaurer Terror herrschte: der Terror von »guten Manieren« und Sauberkeit. Die Mittelschicht konnte es sich erlauben, sich in ihre Eigentumswohnungen oder Häuschen zurückzuziehen, in den heiligen Käfig der Kernfamilie mit dem Motto: »Vater hat immer recht.« Die Erziehung eines Mädchens war in ein Korsett aus sexueller Unbedarftheit, Furcht und Scham gezwängt. Es gab nur wenige Bücher zum Thema Sexualerziehung für Heranwachsende, und ich entsinne mich ernster Diskussionen mit meiner Mutter und meinen Freundinnen über das »Warten auf den Richtigen«. Ich hatte keine Ahnung, dass es so etwas wie Masturbation bei Frauen gab, bis ich einundzwanzig war und mir zufällig der Kinsey-Report in die Hände fiel.

Zu der Zeit hatten mich meine intimen Beziehungen mit Männern und meine unerfüllte Sehnsucht nach Frauen bereits in abgrundtiefe Verzweiflung gestürzt. Ich gehörte einer kleinen Gruppe von überwiegend männlichen Intellektuellen und Künstlern an, die mich als ihre Muse oder potentielle Geliebte betrachteten, doch niemals als ihnen ebenbürtig. In dem zu jener Zeit vorherrschenden männlichen Blick und in jenem Milieu – beides vermochte ich damals noch nicht in Frage zu stellen – wurde eine Frau als Dichterin, Denkerin oder Künstlerin nicht ernst genommen. (Überragende Autorinnen wie Gertrude Stein oder Virginia Woolf galten als Ausnahmen, die die Regel bestätigten.) Sexualität, so wie ich sie erlebte, war eine Art einvernehmliche Vergewaltigung und fand zwischen Menschen statt, die nicht die leiseste Ahnung von ihren Körpern und körperlichen Empfindungen hatten. Ich unterwarf mich vollständig dem Diktat der weiblichen Rolle, wie es Ziel meiner Erziehung als Mädchen gewesen war, und das brachte mich an den Rand des Selbstmords. Die Verleugnung meiner Wahrheit als denkendes, fühlendes, sexuelles menschliches Wesen schien sich in der Tatsache zu spiegeln, dass das gesamte Land seine schmerzliche Wahrheit leugnete. Ich wusste, ich musste da raus. Wenn ich je frei denken und atmen wollte, musste ich mir ein »Exil« suchen.

Als ich mit dreiundzwanzig Jahren nach Paris ging, begegnete ich der ersten echten, lebendigen Lesbe meines Lebens (zumindest soweit ich wusste). Wir wurden Freundinnen, und einige Jahre später gestanden wir einander unsere gegenseitige Anziehung. Buchstäblich über Nacht ergab mein Leben Sinn. In jener ersten Liebesnacht schloss ich Bekanntschaft mit all meinen Sinnen. Es war der Beginn einer langen Reise, auf der ich mich von meinem weibchenhaften sexuellen Opferdasein verabschiedete und zu sexueller Selbstbestimmung als Frau gelangte.

Dieser Prozess des Erwachens, diese Reise zu mir und meiner Körperlichkeit, fand alsbald Widerhall bei den vielen frischgebackenen Feministinnen, die in Paris zusammentrafen. Plötzlich waren wir alle auf der Reise zu »der Frau, die werden will«, wie die amerikanischen Feministinnen es genannt hatten. Paris, wo ich nahezu zwanzig Jahre verbrachte, bot mir die sexuellen Herausforderungen, die ich brauchte, und ermöglichte mir mein sexuelles Heilwerden. Die Stadt verblüffte mich als ein Ort, wo Frauen vergleichsweise »maskulin« und Männer »feminin« waren und wo Sex mythisch verklärt und gefeiert wurde – unter lesbischen Feministinnen ebenso wie in heterosexuellen Kreisen. Die Menschen, zu denen es mich zog, waren extrovertiert, ungehemmt, spielerisch; die Frauen machten mich staunen mit ihrer geistigen Behendigkeit, ihrer Wortgewandtheit, ihrem sexuellen Wagemut. Wenn ich Teil dieser glitzernden, brillanten, romantischen Welt werden wollte, dann musste ich mich von Grund auf ändern. Etwas in mir fühlte sich von dem, was ich als unwiderstehliche Freiheit wahrnahm, angezogen, noch bevor die sexuelle Revolution und der feministische Aufbruch neue Welten erschlossen und neue Begriffe für diese allumfassende Befreiung schufen.

Nach etlichen Jahren sexueller »Studien« in Paris betrachtete ich mich schließlich als »befreite Frau« oder, wie es manche vielleicht bezeichnet hätten, als »promiskuitive Abenteuerin«. Es gab Zeiten, wo ich als Junge gekleidet durch die Straßen zog und mich in die Schlangen der Männer vor den arabischen Bordellen einreihte, um einen Blick in einen Hof voller Frauen zu werfen. In dieser Verkleidung wagte ich es auch, mir in dem anrüchigen Viertel Pigalle Pornofilme anzusehen und in der Metro mit schwulen Männern zu flirten. Ich liebte diese Rolle. Ich genoss es, dass mir Schwule auf der Straße folgten.

Die Anfangszeit der Frauenbewegung war von sexuellen Orgien geprägt, und mein Interesse, Sex zu dritt (oder mehreren) zu erforschen, begleitete mich kontinuierlich. Wie die meisten meiner feministischen Schwestern in Paris sah ich auf Monogamie verächtlich herab. Eine meiner leidenschaftlichen Beziehungen hatte sich in eine dreizehn Jahre alte Freundschaft verwandelt, doch ich war überzeugt, dass eine einzelne Frau niemals all meine Bedürfnisse befriedigen könnte – dass selbst der schönste Gleichtakt von Vorlieben und Geschmack, Temperament und Intellekt, kreativen Impulsen und künstlerischen Visionen nach etwa zwei Jahren zu Langeweile und dem Verlust des sexuellen Begehrens führen würde. Ich praktizierte eine rigorose Trennung von Körper und Geist, von emotionalen und sexuellen Bedürfnissen, denn ich war überzeugt, dass ich nie alles in Übereinstimmung bringen würde. Kurz bevor ich Paris verließ, hatte ich eine Affäre mit einer Italienerin, die immer wieder aufflammte, wenn wir uns begegneten. Ich hatte eine schon länger währende romantische Liaison in Zürich, eine zuverlässige erotische Freundschaft in Hamburg und eine postsexuelle Lebensgefährtin in Kopenhagen. Einige von uns planten, irgendwann zusammen nach Südfrankreich zu gehen, um dort eine Frauengemeinschaft zu gründen und ein künstlerisches Zentrum für Frauen aufzubauen.

Dann erschien eine Frau: eine Amerikanerin, die lachend behauptete, dass ich das Leben mit ihr niemals langweilig finden würde. Ich nahm die Herausforderung an. Ich setzte meine Segel in Richtung Kalifornien – eine neue Kultur, eine neue Sprache – und blickte den Risiken und Gefahren einer verbindlichen, monogamen Liebesbeziehung ins Auge – ein Konzept, auf das die französische feministische Kultur nicht eben spezialisiert war.

Während ich das hier schreibe, sind achtzehn Jahre dieser Beziehung verstrichen. Es ist in der Tat niemals langweilig gewesen. Ich bin zu der Einsicht gelangt, dass die Selbsterforschung und das emotionale Engagement, die nötig sind, um eine erfüllende monogame Beziehung aufrechtzuerhalten, mich vollständig beanspruchen. Ich habe vieles über mich und meine Partnerin lernen und beharrlich darum kämpfen müssen, meine Vergangenheit mit ihren falschen Überzeugungen und ihrer Skepsis hinter mir zu lassen. Viele meiner alten Hemmungen tauchten wieder auf, nun wo ich mich den Risiken sexueller Intimität stellte. Das gleiche galt natürlich für meine Geliebte, und es hat Zeiten gegeben, in denen wir beide uns intensiv in Therapie begeben haben, um uns selbst und das, was wir miteinander erlebten, zu verstehen.

Um zusammenzufassen, »von wo aus ich spreche«: Ich kann sagen, dass meine ursprüngliche Skepsis gegenüber der Monogamie sich in Optimismus verwandelt hat, gemischt mit einem fortwährenden Staunen darüber, was zwischen zwei Menschen möglich ist, die einander schätzen und lieben, die zueinander passen und entschlossen sind, einander nach bestem Vermögen die Wahrheit zu sagen.

Einlass

Zu Beginn ein Abschnitt aus »Frauen und Ehre: Einige Gedanken über das Lügen« von Adrienne Rich:

Eine ehrenwerte menschliche Beziehung – das heißt, eine Beziehung, in der zwei Menschen zu Recht das Wort »Liebe« gebrauchen – ist ein empfindlicher, gewaltsamer und oft für beide angsterregender Prozess, ein Prozess des fortwährenden Verfeinerns der Wahrheiten, die sie einander mitteilen können. Dies zu tun ist wichtig, weil es die menschliche Selbsttäuschung und Illusion aufbricht. Dies zu tun ist wichtig, weil wir damit unserer eigenen Vielschichtigkeit gerecht werden. Dies zu tun ist wichtig, weil wir bei so wenigen Menschen darauf rechnen können, dass sie diesen harten Weg mit uns gehen.

In diesem einflussreichen Essay aus dem Jahr 1975 widmet sich Adrienne Rich den schädlichen Auswirkungen des Lügens; sie befasst sich nicht mit den erotischen Auswirkungen der Wahrheit, die wir einander sagen. Lügen und Schweigen erzeugen eine Unterströmung, die unsere Beziehungen aushöhlt. Wenn zwei Menschen jedoch Ehrlichkeit zum Bestandteil ihrer Kommunikation machen, wirkt sich der »empfindliche, gewaltsame und oft für beide angsterregende Prozess« des Verfeinerns der Wahrheit auf Leib und Seele aus. Sich von der »menschlichen Selbsttäuschung und Isolation« zu verabschieden, »unserer Vielschichtigkeit gerecht zu werden«, »diesen harten Weg gemeinsam zurückzulegen« – all das hat den unerwarteten leiblichen Lohn, Liebe freizusetzen. Die darauf folgende Herzensnähe, die gegenseitige Dankbarkeit und der gegenseitige Respekt ermöglichen eine Zärtlichkeit, die bewirkt, dass der Körper sich öffnet und seinem Drang nachgibt, Barrikaden niederzureißen und in erotischem Begehren dahinzuschmelzen.

Zärtlichkeit, die in Sex ausartet?

Mit einem einzigen Sprung sind wir beim Paradox des berüchtigten »lesbischen Bettentodes« gelandet. Seit die Hochzeit des Feminismus der siebziger Jahren abzuflauen begann, stehen Frauenbeziehungen unter Verdacht: angeblich gibt es in ihnen zuviel Zärtlichkeit und Nähe. Frauenpaare, so hören wir, neigen zu Verschmelzung und verlieren deshalb ihren sexuellen Appetit. Ich bezweifele, dass es derart einfach ist.

Der Begriff »lesbischer Bettentod« wurde vermutlich von der lesbischen Komikerin Kate Clinton geprägt. Als ich ihn zum ersten Mal hörte, fand ich, er bringt die wohlbekannte Tatsache, dass sich der Sex in einer Liebesbeziehung nach einigen Jahren heimlich davonmacht, mit einer guten Portion Selbstironie und Humor zum Ausdruck. »Lesbischer Bettentod« bestätigt in meinen Ohren die lesbische Realität in einer Kultur, die es noch immer vorzieht, so zu tun, als gäbe es so etwas wie Begehren und Sex zwischen Frauen nicht. Wenn wir den Tod des sexuellen Begehrens auf diese Weise öffentlich betrauern können, gewürzt mit einer Prise Humor, dann bestätigen wir damit indirekt, dass Begehren und Sex zwischen Frauen Fakt sind. Damit etwas sterben kann, muss es gelebt haben. Es muss einmal so stark gewesen sein, dass wir es uns leisten können, das Schweigen zu brechen und die Wahrheit über seine Abwesenheit zu sagen. Und dem noch etwas Witziges abzugewinnen.

Der gute Witz wurde jedoch rasch vereinnahmt und dazu benutzt, sich über mutmaßlich »sexlose« Lesben lustig zu machen. Die alte Stichelei: »Wie soll das ohne Penis überhaupt gehen?« bekam neuen Auftrieb durch einige Untersuchungen zum Sexualverhalten, die zu ergeben schienen, dass Lesben weniger Sex haben als Heteras, obwohl andere Studien das genaue Gegenteil nachwiesen. Eine gute Portion Verachtung kam zudem vom stolzen Stamm der SM-Lesben, die ihre Schwestern als »Vanilla-Lesben« bezeichneten und das, was sie taten, als »Blümchen-Sex« (im Gegensatz zu ihrem eigenen Scharfsein).

Nachdem der Begriff »lesbischer Bettentod« derart missverstanden und vereinnahmt worden war, wird er heute von etlichen lesbischen Feministinnen für nicht politisch korrekt gehalten. Die Psychologin und Sextherapeutin Suzanne Iasenza beispielsweise bemüht sich, der Allgemeinheit klarzumachen, dass, falls es überhaupt einen Bettentod gibt, Männer wie Frauen, Heteros und Homos und Bisexuelle gleichermaßen Gefahr laufen, ihm zu erliegen.

Aber ist uns das wirklich klar?

Wie erklären wir uns die Abermillionen von Viagra-Pillen, die von den Männern unserer Gesellschaft geschluckt werden, wenn sie sich nicht fortwährend von Lustmangel und der Gefahr, schlapp zu machen, bedroht fühlten? Doch Männer reißen keine Witze über den »heterosexuellen Bettentod«. Leidet ein Mann an mangelndem sexuellen Begehren, ist das eine todernste Angelegenheit – eine Frage der Identität.

Das bringt uns zu der Frage, wie Sex in unserer Kultur definiert wird. Was ist Sex überhaupt? Wir kennen die zahllosen Untersuchungen zum Thema Sexualverhalten, in denen wir gefragt werden: »Wie oft haben Sie Sex?« Wir werden nicht gefragt: »Wie oft empfinden Sie und Ihre Partnerin intime Nähe zueinander? Wie oft lieben Sie sich? Wie sieht Ihr Liebesspiel aus? Wie definieren Sie Sex in Ihrer Beziehung? Betrachten Sie knuddeln, umarmen, streicheln, küssen, gucken als ›Sex‹?«

Eine meiner Klientinnen gelangte gewöhnlich durch eine Fußmassage zum Höhepunkt ihres orgasmischen Vergnügens mit ihrer Partnerin, doch den Umfragen zufolge hatte sie keinen Sex. Für heterosexuelle Männer, die derartige Umfragen gewöhnlich entwickeln, zählt nicht-genitaler Sex nicht, und demzufolge wird er auch nicht gezählt. Sex ohne Penetration ist nicht wirklich Sex, wie wir dank Bill Clinton wissen.

Meiner Ansicht nach sagt gerade diese vorherrschende, enge Definition von Sex als Penetration den sexuellen Bettentod für uns alle voraus, weil intime Nähe und sexuelles Begehren in unserer Kultur voneinander getrennt sind. Mangel an Sex in intimen Langzeitbeziehungen ist folglich eine Bredouille, die wir in Anlehnung an Freud dem »Unbehagen in der Kultur« zuordnen können. Wir fühlen uns unbehaglich, weil wir von unseren Körpern entfremdet aufwachsen, abgespalten von unseren Gefühlen und unseren ursprünglichen Sehnsüchten.

Wir alle entwachsen der Kindheit mit einem gewissen Grad von Angst und Schrecken vor der Sexualität, vor der ihr innewohnenden Macht. Die meisten Frauen meiner Generation (ich bin Jahrgang 1944) verbindet die Erfahrung, in einem Klima aufgewachsen zu sein, in dem unsere sexuelle Macht und

Potenz, unsere sexuelle Selbstbestimmung geleugnet wurde. Wir hatten nichts zu sagen, und wir wussten nicht, wie wir nein sagen konnten. Wenn wir eine kleine Wendung wie »Wir hatten nichts zu sagen« genauer unter die Lupe nehmen, sehen wir, dass viele unserer feministischen Bemühungen zum Ziel hatten, uns eine Stimme zu geben, eine Sprache zu schaffen, einen Bezugsrahmen, eine Welt, die uns Frauen erlaubt, uns Ausdruck zu verleihen und gehört zu werden.

Unaussprechliche Tiefen

Obwohl wir die Welt zu einem gewissen Grad verändert haben, gibt es einen Bereich, in dem wir uns immer wieder mit unserer Sprachlosigkeit konfrontiert sehen – einer Sprachlosigkeit, die manchmal aus Verlegenheit entsteht, denn die Wörter, die uns zur Verfügung stehen, scheinen für unsere Zwecke nicht zu gebrauchen zu sein. Der Bereich, von dem ich spreche, ist Sex, Leidenschaft, Begehren, Liebe. Unsere Kultur hält keine Sprache bereit, um die Körperempfindungen und starken Emotionen, die von Liebe und Sex hervorgerufen werden, auf feinsinnige Weise zu erkunden. In der armseligen, grobkörnigen Sprache unserer Kultur existieren unsere weiblichen Körper und Erfahrungen kaum.

Das erinnert mich an den Aufruhr unter den Feministinnen, der im Gefolge der Porno-Debatte in den frühen achtziger Jahren entstand. In einer neuen Vorbemerkung zu ihrem Essay »Zwangsheterosexualität und lesbische Existenz« fasst Adrienne Rich die Situation folgendermaßen zusammen: »Unter Feministinnen und Lesben gibt es in jüngster Zeit eine sich verschärfende Debatte über weibliche Sexualität, bei der die Grenzen oftmals hitzig gezogen werden und bei der Sadomasochismus und Pornographie die Schlüsselwörter sind, die je nachdem, wer spricht, unterschiedlich definiert werden.« Wir debattieren in der Tat hitzig über etwas, für das wir nicht einmal eine Sprache haben. Wir haben eine patriarchal geformte und verformte Sprache für Liebe und Sex, eine »pornographische Sprache«. Wenn wir realistisch sind, müssen wir bedauerlicherweise zugeben, dass der feministische Traum, die Sprache nach unserem Bilde neu zu erschaffen, noch nicht verwirklicht werden konnte. Um ein bekanntes Beispiel aus einer anderen Kultur zu zitieren: In der Sprache der Inuit gibt es angeblich sechsunddreißig Wörter für die Farbe von Schnee. Wenn es für uns plötzlich entscheidend wäre, über die spezielle Farbe unseres Schnees zu sprechen, wäre uns die englische oder deutsche Sprache nicht sehr hilfreich. Was fangen wir mit einer Sprache an, die uns nicht passt, die uns nicht widerspiegelt, die uns nicht enthält? Wie bringen wir uns und unsere Wahrheit zum Ausdruck? Was wäre, wenn wir die sechsunddreißig Farben unseres erotischen Begehrens nicht wahrnehmen können, solange wir nicht über die sechsunddreißig Wörter verfügen, derer wir uns bedienen können?

Das ist die Preisfrage, die Frage, über die noch jede Frau ins Grübeln geraten ist, die jemals eigenmächtig ihren Verstand benutzt hat. Seit Simone de Beauvoir die Situation der Frau als »das andere Geschlecht« in das breitere Bewusstsein getragen hat, ist diese Frage von feministischen Schriftstellerinnen, Philosophinnen und Linguistinnen debattiert worden – mit unterschiedlichem Ausmaß an Hoffnung und Verzweiflung. Wir brauchen nur ein beliebiges Wort auszuwählen, »Masturbation« zum Beispiel, um die Diskrepanz zu erleben, die zwischen dem hässlichen medizinisch-technischen Ausdruck und dem unbeschreiblichen Genuss, den wir uns selbst verschaffen, liegt. Wir brauchen nur an eine Bezeichnung oder einen Begriff wie »lesbisch« oder »lesbischer Bettentod« zu denken, und schon befinden wir uns im Labyrinth der Komplikationen, in das uns die Verwendung oder Nichtverwendung eines Wortes führt.

Die Armut unserer Sprache ist besonders schmerzlich, wenn es um das Thema Sex und die Wahrheit unserer Gefühle geht. Die ersten Erfahrungen mit unserem Körper und seinen Empfindungen machen wir, noch bevor wir überhaupt eine Sprache haben. Der Spracherwerb beginnt im Alter von ein bis zwei Jahren. Doch wer je ein Kind in diesem Alter beobachtet hat, kennt das volle Ausmaß von Leidenschaft, Verlangen, Entsetzen, Wut, Freude und Glückseligkeit, die dieses winzige Wesen noch vor dem Spracherwerb durchlebt hat. Wir haben bereits die Tiefen dessen durchmessen, was Intimität ausmacht – Abhängigkeit, Angst, Geborgenheit, Bedürftigkeit, Befriedigung, Begehren, Verschmelzung und Verlust –, bevor wir das geringste davon benennen können. Das ist es, was wir als »unaussprechliche Tiefen« bezeichnen.

Stellen wir uns einen Augenblick lang vor, wie ein Kind aufwachsen würde, dem eine »Inuit-Sprache« für alle Schattierungen seiner Emotionen und Körperempfindungen beigebracht würde. Die Betreuerinnen in diesem Dorf würden dem Kind jede Nuance der Freuden und Schmerzen benennen, die es durchlebt. Sie täten das mit Geduld, Zärtlichkeit, Konsequenz. Statt des erwachsenen Stirnrunzelns: »Was fällt dir ein, so mit mir zu reden?«, würden die Erwachsene dem Kind zurückspiegeln, dass es ein Recht darauf hat, ärgerlich oder aufgebracht, wütend oder zornentbrannt zu sein. Indem die Gefühle des Kindes auf diese Weise willkommen geheißen und beim Namen genannt werden, erhält das Kind die Erlaubnis zu fühlen. Und mit dieser Erlaubnis erfährt das Kind zugleich Mittel und Wege, das, was es fühlt und mit voller Emotion zum Ausdruck bringt, auszuhalten und zu akzeptieren. Wenn ich sage, »Mittel und Wege«, meine ich damit ein emotionales, begriffliches und verbales Sicherheitsnetz, das das Kind vor dem Schrecken bewahrt, von seinen Gefühlen so überwältigt zu werden, dass es »überschnappt«, dass seine Persönlichkeit sich spaltet oder dass es völlig »aus den Fugen« gerät.

Dasselbe gälte in diesem utopischen Dorf für alle übrigen menschlichen Regungen – insbesondere für Erfahrungen von Lust und Verlangen. Das ganze Spektrum sinnlicher und sexueller Regungen käme zur freien Entfaltung unter der Obhut erfahrener Frauen, die einen Blick dafür haben, wann ein Kind an seine Sicherheitsgrenze stößt. Die Betreuerinnen würden die sinnlichen Regungen und Handlungen des Kindes mit Wohlwollen und Humor beobachten und ihm durch Namensgebung helfen, diese Sinnesfreuden und Gelüste zu verstehen und so mit ihnen umzugehen, dass es nicht in ernstliche Gefahr gerät oder sich nicht ernstlich verletzt.

Wenn wir diese utopische Vision mit den Kindheitserfahrungen vergleichen, an die wir uns erinnern oder lieber auch nicht, dann haben wir die Erklärung für einen Gutteil unserer Verlegenheit, unserer Angst, unserer Traurigkeit und unseres Zorns, die sich um das Thema Sex ranken. Das Stirnrunzeln, die Schelte, die beschämenden Blicke, die Klapse und Schläge, die groben Worte, die Drohungen, das kalte Schweigen – all diese Dinge haben die sexuelle Selbsterkundung bei vielen von uns

begleitet und die Aneignung von Wissen oder Ausdrucksmöglichkeiten für unsere körperlichen Empfindungen gewiss
nicht gefördert. Sie haben die Körpererfahrung für einige von
uns vielleicht sogar vollkommen unmöglich gemacht. Für die
jüngeren Generationen sehen die Direktiven in Sachen Sex vermutlich positiver aus, aber in meiner Arbeit mit jungen und
sehr jungen Frauen stelle ich fest, dass – auch wenn sie frei-
zügiger sind als die Frauen meiner Generation – viele heterosexuelle Frauen sich immer noch sexuell machtlos fühlen und
mit der altbekannten Trennung zwischen Sex und Gefühl zu
kämpfen haben. Junge lesbische Frauen leiden heute oft unter
einer »Egal – ich mache alles mit«-Bedeutungslosigkeit in
Sachen Sex und unter den Überresten der alten (Selbst-)Ver-
dammung, »homo« zu sein oder voll daneben, wie ich ihren
Selbstbeschreibungen entnehme.

Wie Dorothy Allison in ihrem Essay »Öffentliches Schweigen, privater Schrecken« schreibt:

*Leid sollte nicht unser Ausgangspunkt sein müssen, wenn wir an-
fangen, über Sex zu sprechen. Doch ein Leben, in dem Zorn, körperliche Angst oder emotionaler Terror das Begehren bereits im
Keim ersticken – das ist das Schreckgespenst, das die Diskussion für
mich bestimmt. Der Gedanke, dass wir alle gezwungen sein könnten, abgeschottet in unseren jeweiligen Körpern zu leben und uns
nie sicher genug fühlen, um uns in nackter Intimität mit anderen zu
zeigen, verfolgt mich wie ein Alptraum aus meiner Kindheit ...*

Um aus dieser Abschottung auszubrechen, müssen wir miteinander kommunizieren. Wir müssen Wörter bilden, Sätze,
eine Sprache entwickeln, die sich eignet, Teile unserer Wahrheit zu vermitteln. Wir müssen das, was unsere Körper tun, was

unsere Hände und Lippen tun (oder tun möchten), mit dem Akt des Benennens verknüpfen. Es gibt eine Verbindung zwischen uns und unseren Körpern, die wir mit Hilfe einer Sprache herstellen müssen, die wir uns schaffen. Diese Sprache bildet den Grundstein unserer Fähigkeit, einen anderen Menschen zu erreichen, zu berühren, in Austausch miteinander zu treten – unsere höchstpersönliche und intimste Wahrheit zu erfassen und zu übermitteln.

Genau hier beginnen unsere Schwierigkeiten. Und genau hier liegt auch unsere Hoffnung. Jede von uns ist sozusagen Neuland. Jedes Wort kann in unserem Sinne neu geschaffen werden, wenn wir den Mut besitzen, uns im Zwiegespräch mit unserer Geliebten Wörter anzueignen, zu erfinden, neu zu besetzen, neu zu gestalten. Nur zwei Menschen brauchen diese gemeinsam geschaffene Sprache zu kennen. Jede neue Frau, die uns näher kommt, lehrt uns neue Wörter, lernt unsere Wörter und verschmilzt diese zwei intimen Sprachen zu einer Ausdrucksweise, die uns zum Sprechen befähigt. Was ich hier beschreibe, kennen natürlich viele Paare bereits, auch wenn sie sich oft nicht bewusst sind, ihre eigene Sprache zu besitzen. Die private Sprache der meisten Paare enthält kindliche Ausdrücke, Koseworte und Albernheiten neben einem privaten Code für Sex und körperliche Tabus. Sobald wir uns diese spontanen verbalen Erfindungen bewusst gemacht haben, können wir lernen, sie als Grundsteine zu nutzen, um leichter zugängliche Straßen und Brücken zwischen uns und unserer Geliebten zu bauen – Pfade der Kommunikation und des erotischen Flusses. Dann können wir uns mit Hilfe dieses neuen Vokabulars daran machen, die beunruhigende Frage zu beantworten, warum unsere Kultur so sexbesessen ist.

Warum also ist unsere Kultur so sexbesessen? Vielleicht sind wir ja wirklich alle auf der verzweifelten Suche nach einer Möglichkeit, in unseren Körper zurückzukehren. Vielleicht sehnen wir uns danach, ihn uns wiederanzueignen, wieder Verbindung mit ihm aufzunehmen, in ihm wieder so heimisch zu werden, wie wir es in den Tagen des langverlorenen Paradieses unserer Körper-Kindheit waren. Wenn Sex eine Möglichkeit bietet, uns in dieses verlorene Paradies zurückzubringen, wie können wir es dann bewerkstelligen, dort zu bleiben? Und was hat die Wahrheit damit zu tun?

In diesem Buch werden wir die engen Grenzen dessen, was Sex angeblich ausmacht, hinter uns lassen und sehen, wie sich uns ein völlig neues Territorium eröffnet. Sex ist der unentdeckte Kontinent von Gefühl und Empfinden, in den zwei Menschen Einlass finden, die die erotische Wahrheit zum Bestandteil ihrer Liebesbeziehung gemacht haben. Der Weg, der mir vorschwebt, ist schwierig, aber lohnend. In der behutsamen, zärtlichen und kühnen Enthüllung intimer Körperwahrheit erweisen sich Nähe und Sex als miteinander vereinbar.

In *Die Farben der Lust* gehen wir über das altbekannte Alphabet der archetypischen Leidenschaft mit ihrem romantischen Schmachten, ihren verbotenen Phantasien, ihrer Sehnsucht nach der fernen, stets unerreichbaren Geliebten, der gefährlichen, unwiderstehlichen Fremden hinaus – stereotype Phantasien, die sich als Strohfeuer erweisen, sobald wir intim miteinander werden. Statt dessen erlernen wir unser eigenes, individuelles Alphabet zum Finden, Erfinden, Geben und Empfangen von Körpergenuss. Wir entdecken das Aphrodisiakum der Wahrheit und fangen an, eine neue erotische Sprache der Intimität zu entwickeln, derer wir uns bedienen können, bis wir sterben.

40

Die sechsunddreißig Farben erotischen Begehrens

Vielleicht ist alles Schreckliche
im tiefsten Grunde das Hilflose, das Hilfe will.

Rainer Maria Rilke

Zur Sache kommen

Lou und Annie sind beide Anfang Fünfzig und seit neun Jahren zusammen. Lou hat einen Pfeffer-und-Salz-Bürstenschnitt, Annie einen blonden Pagenkopf. Zu unserer Sitzung erscheinen sie in Jeans und Designer-Sweat-shirts. Lou und Annie haben gemeinsam ihr Haus renoviert und ein erfolgreiches DTP-Unternehmen aufgebaut. Im Lauf der Jahre ist es vermehrt zu Spannungen wegen ihres unbefriedigenden Sexlebens gekommen. Die beiden legen ihr Problem gleich bei unserer ersten Begegnung dar.

»Wir haben eine absolut phantastische Beziehung!« Annie schüttelt ungläubig den Kopf »Ich meine, wir sind fast immer einer Meinung. Wir gehen beide in unserer Arbeit auf. Wir haben fast dasselbe Golf-Handicap. Wir lieben unser gemeinsames Leben. Warum haben wir also keinen Sex mehr? Ich bin erst einundfünfzig und fühle mich zu jung, um Sex ein für allemal abzuschreiben!«

Sie wirft Lou einen herausfordernden Blick zu.

»Ich halte den Druck nicht mehr aus!« Lou sinkt in ihrem Sessel zusammen. »Es heißt die ganze Zeit bloß: Wann haben wir Sex? Warum bist du jetzt nicht in Stimmung? Es ist Sonntagmorgen, und wir haben keine anderen Pläne, also was ist los mit dir? Warum? Warum? Ich weiß es auch nicht. Es gibt eigentlich keinen Grund. Glaubst du, wir sollten uns trennen?«

Schweigen.

»Es ist also alles deine Schuld?« frage ich.

Lou zuckt resigniert die Achseln. Annie schaut triumphierend drein.

Ich lasse einen Augenblick verstreichen.

»Gehören dazu nicht zwei?«

Mariushka und Sybil sind Mitte Dreißig. Mariushka ist Schauspielerin, Sybil arbeitet im Büro einer Plattenfirma. Beide tragen mit Vorliebe Leder. Sybil hat einige filigrane Piercings in einem Ohr, der Nase, einer Augenbraue. Mariushka trägt ein Schmetterlingstattoo unter dem Schlüsselbein. Die beiden haben sich vor knapp vier Jahren bei einem schwullesbischen Filmfestival kennengelernt.

»Wir haben das Ammenmärchen nicht geglaubt, dass Frauen ein, zwei Jahre Sex haben, und dann heißt es: Bye, bye, Baby!« beginnt Mariushka. »Unsere Begegnung war so heiß, wir hatten so tollen Sex, waren so voller Leidenschaft! Wir waren sicher, es würde ewig so weitergehen!«

»Dafür würden wir schon sorgen.« Sybil nickt energisch. »Wir würden es ihnen schon beweisen. Wir würden allen zeigen, dass der lesbische Bettentod Quatsch war.«

»Bei unseren schwulen Freunden gibt's keinen Bettentod!

Wieso sollten wir Männern in irgend etwas nachstehen?«
Mariushka wirft ihre langen, hennagefärbten Locken zurück.
»Mein Leben lang hatte ich eine leidenschaftliche Affäre nach
der anderen. Ich kam mir vor wie eine Art Expertin oder so.
Aber jetzt sind wir wie alle anderen auch. Es ist so verdammt
unfair.«

»Vielleicht haben wir's übertrieben«, gibt Sybil zu bedenken.
»Wir haben es wie unsere Freunde gemacht – einfach alles aus-
probiert, weißt du, Dessous und Spielzeug und umgeschnallte
Dildos ... SM und Sexparties und Drogen und ... Was noch,
Schatz?«

»Polyamouröse Sexperimente.« Mariushka, die Expertin,
bringt die Sache auf den Punkt.

»Ja, genau, und getrennter Urlaub«, fügt Sybil mit gespielter
Verzweiflung hinzu. »Das hat mir den Rest gegeben. Ich glaube, wir sind völlig am Ende. Es kommt mir inzwischen vor wie
Arbeit. Wie machen die Jungs das bloß? Sex artet in Arbeit aus,
weißt du, und es wird immer schwerer ...«

»... draufzukommen!« ergänzt Mariushka mit einem kläg-
lichem Grinsen. »Grauenhaft!«

»Wir müssen inzwischen eine Menge Drogen nehmen, um
guten Sex zu haben.« Sybil rümpft die diamantverzierte Nase.
»Wir enden noch als Junkies, wenn wir so weitermachen. Aber
selbst wenn wir uns bedröhnen, hilft das nicht mehr viel, das
ist inzwischen klar. Wir möchten von dir wissen, ob es nicht
noch etwas anderes gibt, das wir ausprobieren können.«

»Und wenn nicht, erschieße ich mich!« Mariushka klingt wie
eine Schauspielerin in einem zweitklassigen Film.

Aus demselben Holz geschnitzt

Diese beiden Paare repräsentieren offenkundig die beiden Enden des Spektrums. »Kein Sex – und es funktioniert nicht« bildet das eine Ende und »Zu viel Sex – und es funktioniert nicht« das andere. Dazwischen finden wir die wohlbekannte sexuelle Malaise der lesbischen Langzeitbeziehungen. Sie stellt uns eindeutig vor ein Rätsel. In unserer Kultur werden Frauen für Beziehungen her- und zugerichtet, aber was Sex anbelangt – die letztlich intimste Form des Zusammenseins –, stolpern wir immer noch über Freuds »dunklen Kontinent« und seine beharrliche Frage: »Was will das Weib?«

Als sexuelle Wesen kennen wir uns selbst kaum – was nicht bedeutet, dass wir an Sex nicht interessiert wären. Ganz im Gegenteil. In ihrem Buch *Promiscuities* weist Naomi Wolf darauf hin, dass weibliche Sexualität keineswegs immer ein dunkler Kontinent gewesen ist. In anderen Zeiten und anderen Kulturen wurde die elementare Kraft der weiblichen Sexualität und des weiblichen Orgasmus anerkannt und gefeiert. Vor zweitausend Jahren, so Wolf, erwiesen die TaoistInnen des alten China dem weiblichen Begehren »die Beachtung, die heute Ökosysteme finden, welche uns das Leben ermöglichen«. In unserer heutigen Kultur hingegen sind Frauen und Sex nur mit tiefem Unbehagen unter einen Hut zu bringen, und das um so mehr, wenn sich auch noch Homosexualität hinzugesellt.

Wir sind uns heute bewusst, dass viele Lesben Homosexualität als Stigma empfinden und die Homophobie verinnerlicht haben, die unsere Gesellschaft prägt: die innere Stimme, die uns zuflüstert, dass gleichgeschlechtliches Treiben unnatürlich und schmutzig ist. Doch wenn wir ehrlich sind, dann wissen wir auch, dass die Ambivalenz in Sachen Sex das kulturelle Erbe *aller* Frauen darstellt, egal ob lesbisch, hetero- oder bisexuell. Seit Eva in den Apfel gebissen hat, wurden Frauen zur Unwissenheit angehalten, statt zum Erwerb sexuellen Wissens. Wir und unsere Körper wurden als gefährliche Heimstatt des Eros betrachtet, einer potentiell subversiven Kraft. Körperliche Selbstbestimmung wurde uns verwehrt. Unseren Körper zu mögen wurde uns dank des Mode- und Schönheitsdiktats unserer Kultur schwer gemacht. Und heute, in unserem schönen neuen einundzwanzigsten Jahrhundert, herrscht noch immer der alte machtvolle Moralkodex: Frauen, die unverhüllten Appetit auf Sex haben, riskieren es, als Schlampen gebrandmarkt zu werden, während Männer hinter Sex her sind, als sei es ihr Geburtsrecht – unverbindlicher Sex, anonymer Sex, täglicher Sex, obsessiver Sex, pornographischer Sex etc. Frauen hingegen halten, derselben überlieferten Geschlechterteilung zufolge, noch immer das Monopol auf Nähe und Intimität.

Nehmen wir uns einen Moment Zeit, um Intimität als einem »weiblichen Thema« nachzugehen. Wir brauchen uns nicht erst in Genderstudien und kindliche Entwicklungstheorien zu vertiefen, um zu einigen Wurzeln zu gelangen. Im allgemeinen sind Frauen für die Betreuung von Babys und Kleinkindern zuständig, und somit ist der vorherrschende Mensch zu Beginn des Lebens eine Frau: die allmächtige Versorgerin, Erschafferin und Zerstörerin in einer Person, die Große Mutter. In einer Gesellschaft, die Geschlechterunterschiede betont, wachsen Mädchen vorrangig in dem Gefühl auf, *wie die Mutter* zu sein, wohingegen Jungen in dem Gefühl aufwachsen, *anders* zu sein. *Wie die Mutter* bedeutet, in enger Beziehung mit ihr, sie nachahmend, ihr nacheifernd, sich mit ihr identifizierend.

Aus demselben Holz geschnitzt zu sein birgt allerdings auch Nachteile. Es kann bedeuten, einander zu nah zu sein, in der Haut der anderen zu stecken, ihre Gefühle zu fühlen, ihre Gedanken zu denken und ihre Sätze für sie zu Ende zu bringen. Es kann zu einem hohen Maße dessen führen, was in der Psychologie Verschmelzung oder Symbiose genannt wird: der Verlust der eigenständigen Identität und des eigenen innerpsychischen Raumes innerhalb eines Paares. Oder, wie Gloria Steinem gesagt hat: »Ich leide immer noch an der typisch weiblichen psychischen Krankheit, die Gefühle anderer Menschen besser zu kennen als meine eigenen.«

Diese »weibliche Krankheit«, von der Steinem spricht, ist ein Mangel an Grenzen, der erklären könnte, warum viele Frauen sich mit Partnerinnen wohler fühlen, deren emotionales Profil »maskuliner« ist – und zwar nicht nur, weil Gegensätze sich anziehen. Unterschiedlichkeit kann Sicherheit bieten, wenn es ein unbewusstes Bedürfnis nach Distanz, innerem Raum oder Abgrenzung gibt, obwohl Frauen mit dieser Art von Beziehung dann gewöhnlich über einen Mangel an Intimität klagen. Auf der anderen Seite gibt es Lesben, die sich in erster Linie von Gleichheit angezogen fühlen. Haben sie entschieden mehr oder entschieden besseren Sex in ihren Langzeitbeziehungen? Wenn wir ehrlich sind, müssen wir zugeben, dass keines der Beziehungsmodelle den anhaltenden Funkenflug erzeugt oder gewährleistet, den die meisten von uns sich wünschen. Es muss da etwas für uns zu lernen geben.

Auf gefährlichem Terrain

Nehmen wir die sexuelle Beziehung unseres ersten Paares ein bisschen genauer unter die Lupe: Annie, die sich zu jung fühlt, um dem Sex adieu zu sagen, und Lou, die an allem schuld ist, weil sie nie mehr dazu aufgelegt ist.

In unserer fünften Sitzung frage ich Annie, was sie unternimmt, wenn sie Lust auf Sex verspürt. Wie versucht sie Lou anzumachen?

»Ich lasse mir alles mögliche einfallen«, antwortet Annie. »Ich koche etwas Besonderes oder bringe ihr morgens eine Tasse Kaffee ans Bett. Ich sehe sie auf eine ganz bestimmte Weise an. Ich überlege mir, was ich anziehe – oder ausziehe ... Zum Beispiel überrasche ich sie, wenn sie aus dem Bad kommt, damit, dass ich plötzlich kein Nachthemd mehr anhabe ...« Sie sieht mich erwartungsvoll an.

»Ja, und dann?«

»Ich bewege mich entsprechend, ich schmiege mich an sie, ich küsse sie, nehme sogar ihre Hand und lege sie auf meinen Körper und seufze, oder ich umarme sie, und wir rollen uns herum, so dass sie auf mir liegt ... Ich sage ihr Sachen, du weißt schon ... ich sage etwas Anzügliches, sage ihr, dass ich es mag, wenn sie mich anfasst ... Oder ich erinnere sie an ihre Lieblingsphantasie, ich flüstere sie ihr ins Ohr – die Phantasie, wie wir es in aller Öffentlichkeit im Auto treiben ...« Sie wirft Lou einen raschen Seitenblick zu, um sich zu vergewissern, dass sie in ihrer Offenheit nicht zu weit gegangen ist. »Ich meine, ich versuche sie zu verführen.«

»Es klingt, als sei dem schwer zu widerstehen«, bemerke ich.

»Ja.« Lou erwacht plötzlich aus ihrem Phlegma. »Aber es kann auch ganz schön nerven!«

Annie sieht sie geschockt an.

»Es ist ja nicht so, dass ich sie nicht liebe ...« Lou streicht sich nervös über ihr kurzes Haar. »Am Anfang hat mich das total angemacht. Wie sexy Annie war, und ich kam mir vor wie die größte Liebhaberin auf Erden, weil sie so war ... so empfänglich und angetörnt und alles.«

»Das war eine Überraschung für dich?« frage ich.

»Ich bin noch nie mit einer Frau zusammengewesen, die so Femme war wie Annie. Die meisten Frauen, die ich gekannt habe, waren irgendwie beides, oder versuchten zumindest, beides zu sein. In den alten Tagen der Frauenbewegung mussten wir doch alle gleich sein, weißt du noch? Ausgewogene Streicheleinheiten.«

»Und war es deiner Erfahrung nach ausgewogen?«

»Natürlich nicht. Um die Wahrheit zu sagen – ich habe oft was vorgespielt. Ich habe Orgasmen vorgetäuscht – bei Frauen! Oft! Aber *ich* habe anderen Frauen eine Menge Orgasmen verschafft, und zwar echte, das kann ich dir sagen!« Lou erscheint jetzt keineswegs mehr niedergeschlagen oder schuldbewusst.

»Das hast du mir nie erzählt.« Annie ist leicht beunruhigt.

»Tja, nein. Ich hatte Angst, ich würde es wieder so machen müssen ...«

»Orgasmen vortäuschen? Mit mir?« Annie klingt noch beunruhigter.

»Nein, nein! Ich will damit nur sagen, dass es mir schon immer schwergefallen ist zu kommen. Ich gebe nicht gern die Kontrolle ab.« Sie rutscht unruhig auf dem Sofa herum. »Ich bin eben viel mehr Butch, schätze ich. Das habe ich mir zumindest gesagt, als ich Annie begegnet bin. Ich habe die Initiative ergriffen, wie immer, und zack, das war's – Kismet, sozusagen. Sie war die größte Femme auf Erden, und ich, tja, ich hatte die leichtere Rolle.« Sie lächelt entschuldigend, doch dann haut sie sich mit der Faust auf den Schenkel. »Ich bin in der Rolle der Butch verdammt gut gewesen, das weiß ich.«

»Siehst du das auch so?« frage ich Annie.

»Das absolute Traumpaar!« Sie seufzt und wendet sich an Lou. »Wenn es so einfach für dich ist, warum hast du dann aufgehört? Warum macht es dir keinen Spaß mehr?«

Lou zuckt die Achseln, und Annie hebt ungeduldig die Hände. Ich bitte Annie, zu beschreiben, wie es nun ist, wo der Traum ausgeträumt scheint.

»Es kommt mir vor, als ob Lou heutzutage etwas gegen meine Orgasmen hat«, erklärt Annie. »Sie hört auf, bevor ich runterkomme, wozu ich normalerweise ein paar Orgasmen brauche. Sie scheint nicht mehr ganz bei der Sache zu sein. Sie hüllt sich in verdrießliches Schweigen, als hätte ich irgendwas falsch gemacht. Aber sie sagt nicht, was es ist. Wenn ich heute versuche, sie zu verführen, habe ich manchmal das Gefühl, als ob sie mein Femme-Sein missbilligt oder mich sexgierig findet oder so. Es gefällt ihr nicht, das spüre ich, also halte ich mich besser zurück, und dann hab ich schließlich auch keine Lust mehr.« Sie wirft Lou einen vorwurfsvollen Blick zu. Lou starrt auf den Teppich. »Ich warte darauf, dass sie mal wieder in der Stimmung ist«, fährt Annie fort, »aber sie ergreift nie mehr die Initiative, nicht mehr so wie früher. Und wenn ich jetzt versuche, die Lage irgendwie zu wenden, gelingt es mir nicht.«

»Ja, weil du nicht weißt, wie«, sagt Lou mit grimmiger Miene.

Annie wird rot. »Was soll das heißen, ich weiß nicht, wie?«

»Du weißt nicht, wie du die Lage wenden kannst, weil du nur eine Lage kennst – auf dem Rücken!«

Beide scheinen gleichermaßen erschrocken über das, was da gerade gesagt worden ist.

»Und du«, schlägt Annie mit hochrotem Gesicht zurück, »du kennst doch auch nur eine, und zwar auf mir drauf!«

In diesem Augenblick wird klar, dass Lou und Annie den ersten Schritt getan haben, sich die Wahrheit zu sagen. Die spannungsgeladene Form, in der das geschieht, ist nicht überraschend. Wenn etwas eine Weile unter Verschluss geblieben ist und zu schmerzen begonnen hat, kommt die plötzliche Entladung gewöhnlich mit einem Knall, mit einer gewissen Gewalt. Wir alle kennen das: Wenn wir angestauten Dampf ablassen, ist das Zischen lauter, als wir beabsichtigt hatten, und die Hitzeentwicklung möglicherweise größer, als uns lieb ist. Genau deshalb haben wir uns ja auf die Zunge gebissen – aus Angst, dass die Wahrheit mit einem gemeinen Zischen herauskommt und höllisch schmerzt. Solange wir uns zurückhalten, glauben wir alles unter Kontrolle zu haben. Wenn wir mit der Wahrheit herausrücken, geben wir einen Teil unserer Kontrolle auf. Wir haben oft das Gefühl, die Kontrolle vollständig zu verlieren. Wir wissen nicht, wie unsere Wahrheit klingen wird, wir wissen nicht, was sie bewirken wird – sie könnte sich verheerend auswirken, jemand könnte sich ernstlich verbrennen, es könnte das Ende von allem sein.

Doch es könnte auch der Beginn von allem sein. Die Wahrheit zu sagen ist ein Abenteuer, ein Aufgeben von Kontrolle, um etwas Wagemutiges zu tun. Das ist die erste Eigenschaft, die die Wahrheit mit gutem Sex gemein hat.

»Sex ist Magie«

Wenn es also dermaßen gefährlich scheint, die Wahrheit zu sagen, dann können wir daraus schließen, dass uns etwas den Weg verbaut. Es sitzt irgendeine Autorität über uns zu Gericht, bereit, uns zu verdammen. Wir sollen irgendein Ideal verkörpern, doch wir tun es nicht. Irgendeine geheime Erwartung soll von uns erfüllt werden. Wir sollen ein magisches Glücksgefühl empfinden.

Die Mächte, die uns den Weg verbauen und uns das Sprechen schwermachen, sind *Mythen*. Mythen rund um das Thema Sex. Mythen sind Glaubenssätze, die wir von unserer kulturellen Heimat, unserer Umgebung, unserem familiären Umfeld übernehmen – Glaubenssätze, die dazu dienen, unser soziales Verhalten und unsere Einstellungen zu prägen. »Alle Frauen sind von Natur aus mütterlich.« Oder: »Männer haben einen starken Sexualtrieb, Frauen nicht.« Mythen sind oft einfach Vorurteile. Mythen über Sex und Geschlecht berufen sich häufig auf die Natur. Sie laufen unter der Überschrift: »Schon seit Adam und Eva gilt ...« und empfehlen sich mit der Anweisung: »Glaub mir einfach – und versuch gar nicht erst herauszufinden, ob es wirklich stimmt.« Vor nicht allzu langer Zeit kursierte der Mythos vom vaginalen Orgasmus als dem einzigen weiblichen Orgasmus, der wirklich zählte; und nicht allzu lange davor besagte ein viktorianischer Mythos, dass Frauen überhaupt kein sexuelles Verlangen und keinen Orgasmus haben.

Wenn wir uns heute fragen, welche Mythen es lesbischen Paaren erschweren, einander in puncto Sex die Wahrheit zu sagen, tauchen regelmäßig die folgenden drei auf:

Mythos 1:
Sie müsste es doch wissen. Wir sind beide Frauen, wir haben den gleichen Körper, deshalb müsste sie wissen, was sich gut anfühlt und mir Genuss bereitet.

Mythos 2:
Die ganze Magie geht flöten, wenn ich ihr alles erklären muss. Es verdirbt alles – die Romantik, die Überraschung, die Erregung –, wenn ich reden muss. Reden stört nur. Wenn ich ihr dauernd Gebrauchsanweisungen liefern muss, kann ich mein Vergnügen vergessen.

Mythos 3:
Sex ist ein Instinkt und ergibt sich deshalb ganz von selbst. Wenn er sich nicht von selbst und ohne Probleme ergibt, dann stimmt etwas nicht mit ihr ... oder mit mir; dann stimmt etwas mit uns als Paar nicht, und allein durch Quasseln werden wir garantiert nicht plötzlich supertollen Sex haben.

Diese Mythen sind dermaßen mit unserer Kultur und unserer Sozialisation verwoben, dass wir vielleicht noch gar nicht bemerkt haben, dass sie unsere Bettgenossinnen sind. Glaubenssätze wie diese lassen uns in der romantischen Illusion verharren, dass Sex reine Magie ist und großartiger Sex sich von allein und ohne Probleme ergibt, sonst ist er eben nicht großartig.

Ich schlage vor, diesen Mythen den Laufpass zu geben. Um zur Wahrheit und zu gutem Sex zu gelangen, müssen wir meines Erachtens uns selbst und einander die folgenden Fakten eingestehen:

Der Körper einer jeden Frau ist anders. Wir können nicht davon ausgehen, auch nur das geringste über den Körper unserer Geliebten zu wissen, zumal wir gewöhnlich nicht einmal viel über unseren eigenen wissen.

Wir müssen uns von der Vorstellung verabschieden, dass unsere Partnerin die mit magischen Fähigkeiten ausgestattete Liebhaberin ist, die mit ihrem Röntgenblick all unsere Geheimnisse erfasst und über eine komplette Bedienungsanweisung für unseren Körper verfügt, kaum dass ihr Blick auf uns gefallen ist. Wir können nicht länger darauf warten, dass unsere Geheimnisse erraten werden. Sex ist Kommunikation. Sexuelle Ratespiele sind wie eine Lotterie, bei der unsere Chancen zu gewinnen eins zu einer Million stehen.

In unserer Kultur ist nichts, was mit Sex zu tun, einfach und natürlich, außer in Hollywood-Filmen. Alles Sexuelle in unserer Kultur – und deshalb auch in unseren Betten – ist kompliziert und vorbelastet, und an dieser Malaise wird sich nichts ändern, wenn wir weiterhin Mythen anhängen, statt zu versuchen, unsere je eigene Wahrheit zu entdecken und einander mitzuteilen. Oder, um es ermutigender zu formulieren: Sex will gelernt sein, und das ist sehr wohl möglich. Guter Sex ist wie gut miteinander tanzen: Zwischen zwei Menschen müssen eine Menge Informationen ausgetauscht werden, bevor die beiden, jede in ihrem eigenen Stil, fließend und anmutig miteinander tanzen können.

Ich würde lieber sterben,
als es ihr zu sagen

Unsere persönlichen Mythen und geheimen Glaubenssätze aufzudecken kann zunächst ein angstbesetztes Unterfangen sein – ein Unterfangen, das wir am liebsten lassen würden. Wir ahnen inzwischen, warum unser erstes Paar das Thema nie direkt angesprochen hat: Annie, die sich zu jung fühlt, um auf Sex zu verzichten, und Lou, die einfach keine Lust mehr hat. Wir sehen zum Beispiel, dass da ein bestimmter Glaubenssatz am Werk ist: Ein wirklich glückliches Paar hat sonntagsmorgens Lust auf Sex, und wenn nicht, dann ist das ein peinliches Eingeständnis von Versagen. Um ihr Bild als glückliches Paar nicht zu gefährden, haben Annie und Lou sich nie eingestanden, dass Begehren mehr erfordert als einen Blick auf den Kalender.

Bei Mariushka, der Schauspielerin, und Sybil, der Assistentin des Plattenproduzenten – dem Paar, bei dem Sex sich in gnadenlose Plackerei verwandelt hat –, finden wir eine Variante desselben Themas. Sybil und Mariushka glauben, dass schwule Paare zu beneiden sind und dass mit Frauen etwas nicht stimmt. Sie halten an dem alten Geschlechtervorurteil fest: Männer sind sexuelle Wesen, Frauen nicht. Wenn sie beide sich also wie Männer verhalten, sollte das eine Garantie für großartigen Sex sein. Wenn sie nur über eine gutausgestattete Werkzeugkiste verfügen und das Werkzeug eifrig genug einsetzen, dann sollte der Sex geradezu magische Qualität haben.

Wenn die Dinge nicht so funktionieren, wie unsere großen Mythen es uns versprochen haben, sind wir möglicherweise von unserer Partnerin und von uns selbst enttäuscht. Wir geraten in einen depressiven Zustand, den wir als stumme sexuelle Misere bezeichnen können. Unser Sexleben ist alles andere als märchenhaft. Wir nehmen die Malaise persönlich. In unserem Unglück können wir uns nicht einmal unserer besten Freundin anvertrauen, die zweifelsohne dreimal pro Nacht großartigen Sex hat. Die Stummheit unseres Leidens lässt unsere Situation hoffnungslos erscheinen. Wir haben eine Niederlage erlitten; wir machen uns selbst den Prozess und verurteilen uns, und zwar ganz ohne Anhörung. Der lesbische Bettentod muss wohl unser Schicksal sein. Wir brechen Streit vom Zaun, doch die der Versöhnung folgende Erleichterung ist nur von kurzer Dauer. Wir projizieren die Malaise auf kleine, irritierende Eigenarten unserer Geliebten, die uns abtörnen – auf dermaßen kleine Kleinigkeiten, dass es uns zu peinlich ist, sie auch nur zu erwähnen.

Und jetzt sollen wir sie plötzlich eingestehen? Die meisten Paare, die zu mir kommen, sind angesichts dieser Idee erst mal schockiert. Wenn ich mit den beiden Partnerinnen jeweils allein spreche, wenden sie ein: »Du meinst wirklich, ich soll ihr sagen, dass ich ihren Mundgeruch nicht leiden kann, wenn sie mich morgens anmacht? Dass ich phobische Angst vor Brusthaar habe? Dass ich möchte, dass sie diesen Spitzenunterrock anzieht, der meiner Mutter gehört hat und der mich echt scharf macht? Dass sie mich ein bisschen härter anfassen soll, weil ich von Männern phantasieren muss, um zu kommen? Du meinst, ich soll ihr sagen, dass ich mich zurückhalte, weil ich Angst habe, ich könnte furzen? Du meinst, ich könnte ihr sagen, dass ich auf Massage als Vorspiel abfahre, obwohl sie auf meine Ex, die Masseurin, ohnehin höllisch eifersüchtig ist?«

Ihr die Wahrheit sagen ...? Die erste Reaktion darauf ist gewöhnlich: »Lieber sterbe ich. Lieber begnüge ich mich mit dem, was wir haben. Es ist ein bisschen langweilig, zugegeben, aber es ist besser als nichts.« Oder ich höre: »Ach, ich hab ja versucht, es ihr zu sagen, aber sie kapiert's einfach nicht. Es hat keinen Zweck.« Oder: »Ich habe es ihr einmal gesagt, und sie hat es mir nie verziehen. Es hat alles vollkommen ruiniert.«

Na schön, wenn das alles ist, dann vergessen wir es am besten. Mundgeruch und Furzen haben unserem Sexleben erfolgreich die Luft abgedrückt. Die Wahrheit zu sagen würde unserer Lust den Todesstoß versetzen.

Annie und Lou hätten genau das beinahe erlebt, als in jener fünften Sitzung plötzlich die Bombe hochging. Wenn sie die Wahl gehabt hätten, hätten sie ihren Frust über die sexuelle Rollenbeschränkung ihrer Liebhaberin wohl kaum herausposaunt. Annie und Lou waren beide von ihrer unerwarteten Kritik verletzt. Es hat sie einige Arbeit gekostet, das Gefühl des Betrogenseins zu überwinden, das davon herrührte, dass sie einander im dunkeln gelassen hatten. Dies ist ein kritischer Augenblick in der Kommunikation eines Paares: Wenn die Wahrheit plötzlich ans Licht kommt, können wir uns hintergangen fühlen, weil wir sie nicht eher erfahren haben.

Für Annie und Lou leitete das Gefühl, betrogen worden zu sein, eine Phase des Zweifels an ihrer gesamten Beziehung ein. Was war wahr und was nicht? Hatte Lou Annie wirklich niemals einen Orgasmus vorgespielt? Hatte Annie nur vorgegeben, dass alles perfekt war und es ihrem Liebesleben an rein gar nichts fehlte? Hatten sie noch mehr Geheimnisse voreinander? Hatten sie einander noch mehr Kritik verschwiegen?

Statt sich voller Schmerz zurückzuziehen oder der Herausforderung auszuweichen, gelang es Lou und Annie, den Schlag, den ihr Selbstbewusstsein abbekommen hatte, durch bewusstes Bemühen zu überwinden. Sie fanden es spannend zu erforschen, wer sie waren und wie sie so geworden waren. Diese Seelenerkundung, die in unseren Sitzungen stattfand, ermöglichte es ihnen, die Geschichte der sexuellen Entwicklung ihrer Partnerin von einer neuen Warte aus zu sehen. Bei den meisten Paaren findet diese Art Bestandsaufnahme natürlich in der Kennenlernphase oder zu Beginn ihrer festen Beziehung statt. Geschieht das einige Jahre später erneut, wird dadurch möglicherweise ein Teil des Zaubers zurückgewonnen, der in der ersten Verliebtheit herrscht, wenn das Erzählen von Geheimnissen Teil der erotischen Energie ist.

Lou und Annies Augenblick der Wahrheit zeigt, dass das Ausmaß von Schock und Bestürzung über ein plötzlich aufgedecktes Geheimnis von zwei Dingen abhängt: wie lange die Wahrheit verheimlicht wurde und in welcher Form sie plötzlich herausbricht. Wie gehen wir mit dieser Unwägbarkeit um? Wie können wir verhindern, dass das Aufdecken der Wahrheit unserer Beziehung den Todesstoß versetzt?

Als ersten Schritt schlage ich vor, die Sache in ein anderes Licht zu rücken.

Eine Möglichkeit

Betrachten wir die Wahrheit einfach als eine Möglichkeit, wie guten Sex: als etwas, das zu erkunden und auf das hinzuarbeiten sich lohnt. Als ein Ziel, nicht mehr und nicht weniger. Schon die Vorstellung, auf etwas hinzuarbeiten, etwas zu entwickeln ist ermutigend. Sie rückt die furchterregende

Absolutheit der WAHRHEIT in ein weicheres Licht. Adrienne Rich erinnert uns daran, dass es keine absolute Wahrheit gibt: Wahrheit ist »zunehmende Vielschichtigkeit«.

Sie kann ebensogut zunehmende Einfachheit sein. Es gibt viele Schritte zu vielen kleinen Wahrheiten, die zu immer neuen Entdeckungen führen – manche vielschichtig, manche einfach – Entdeckungen darüber, wer wir sind. Ein taoistisches Sprichwort lautet: »Eine Reise von tausend Meilen beginnt mit einem Schritt.« Ein Schritt, und schon sind wir auf dem Weg. Erinnern wir uns: Die Wahrheit ist eine Annäherung, eine Bewegung auf etwas hin, das wir uns wünschen oder ändern möchten. Die Wahrheit bringt fast immer etwas ans Licht, das wir begehren (hier ist wieder die Verbindung zum Thema Sex).

Doch warum klingt es so oft wie Kritik, wenn wir die Wahrheit sagen? »Ich kann es nicht leiden, wenn du ...«; »Ich wünschte wirklich, du würdest nicht immer ...« Wir kennen den Ton, der die Musik macht, den gewissen Beiklang von Gereiztheit, Ungeduld, gar Anschuldigung und heimlicher Attacke. Wenn uns diese Art Ton und Formulierung bewusst werden, stellt sich vielleicht die Frage: Was verschleiern wir damit? Ist es zu riskant, unsere Sehnsucht – und deren Schmerzlichkeit – offen in Worte zu fassen?

Wenn wir Kritik üben, fühlen wir uns sicherer, weniger verletzlich. Wir reden über die andere und verwenden die »Du-Sprache«: eine Sprache, in der hauptsächlich *du* für das Problem verantwortlich bist. Doch wenn wir unseren eigenen Wunsch äußern, insbesondere einen heimlichen Wunsch oder ein schmerzliches Verlangen, fühlen wir uns verletzlich. Wir müssen von uns sprechen und etwas Sensibles enthüllen. Wir spüren, dass viel mehr auf dem Spiel steht – ein gefährliches kulturelles Tabu zum Beispiel: Frauen sollten keine allzu heftigen Begierden haben. Das ist nicht feminin. Begehrlichkeit weist darauf hin, dass wir egoistisch, narzisstisch, bedürftig sind – oder, wie gesagt, eine Schlampe. Wir könnten für unseren Schmerz und unser Verlangen kritisiert oder gedemütigt werden. Wir könnten zurückgewiesen werden.

Wie auch immer die tieferen Gründe aussehen mögen, wir können versuchen, uns den Unterschied in der »Musik« bewusst zu machen – den Unterschied zwischen der Stimme unseres Begehrens und der Stimme unserer Kritik. Das wird einen Unterschied für unsere Beziehung machen. Wenn wir schon auf der tausend Meilen langen Reise zu Wahrheit und sexuellem Glück sind, warum dann die Tatsache übergehen, dass hinter all unserer Kritik stets Sehnsucht und Wehmut stecken? Hinter unseren Angriffen verbirgt sich der verletzliche Wunsch danach, einander näher zu kommen.

Wie definieren Wahrheit also als etwas, auf das wir hinarbeiten müssen. Dies erfordert sorgsames Hinhören. Und Aufmerksamkeit für die Wahl der Worte, den Ton, die »Musik«. Denn das, was wir wollen, muss laut ausgesprochen werden. Wunschdenken allein verschafft es uns nicht. Darauf zu hoffen und zu warten, dass unsere Geliebte unsere Wünsche vielleicht errät, setzt wieder die Lotterie in Gang, bei der wir höchstwahrscheinlich nicht den Jackpot gewinnen werden. Hoffen und Warten sind Dinge, die viele von uns sehr gut beherrschen – zu unserem eigenen Nachteil. Wunschdenken an sich lässt uns in einer kindlichen Rolle verharren, gefangen im Wunderland, in dem wir darauf hoffen, dass unsere Wünsche erahnt und verstanden werden, ohne dass wir viel oder überhaupt etwas dafür tun.

Geben wir es zu: Die kindliche Erwartung auf passive Wunscherfüllung ist der Traum (bewusst oder unbewusst) nahezu einer jeden von uns: Überrasche mich – mach mit mir genau das, wonach ich mich sehne – schenk mir Glückseligkeit, ohne dass ich irgend etwas dazu beitragen muss. Biete mir die ideale Mutter, die ihre himmlische Milch just dann verströmt, wenn das Baby Hunger verspürt und danach verlangt. Die meisten von uns besitzen wohl eine vage Erinnerung an diesen passiven Glückszustand – oder wenn schon keine konkrete Erinnerung, dann doch eine nostalgische Sehnsucht nach einer Instanz, die unseren Wünschen auf diese Weise Rechnung trägt. Das ist letztlich die magische Hoffnung, die in unsere sexuellen Begegnungen einfließt. Hier ist sie endlich, die Geliebte meiner Träume, die all meine Wünsche und Begierden durch reine Magie kennt und befriedigt.

Magische Begegnungen und ekstatische Nächte sind in der Tat möglich, doch leider wiederholen sie sich nicht in zuverlässiger Manier, jedesmal wieder, Jahr für Jahr. Und genau hier war Annie in die Falle gegangen. Lou war die Geliebte ihrer Träume gewesen, und so hatte Annie jeden Sonntag darauf gehofft und gewartet, dass Lou auf magische Weise wieder in Stimmung sein würde. Gewiss, sie hatte den Versuch unternommen, Lou zu verführen und jene Stimmung wieder zu erzeugen, doch es hatte nicht geklappt. Annie war zunehmend vorwurfsvoll und kritisch gegenüber Lou geworden. Sie selbst war schließlich immer in der richtigen Stimmung, und sie tat, was sie konnte, oder etwa nicht? Annie hatte nicht begriffen, dass sie mit ihrem stummen Hoffen und Warten letztlich ihre Macht an Lou abgab. Wie ein Kind hatte sie sich von Lou als der allmächtigen Glücksbringerin abhängig gemacht. Annie hatte nicht selbst für ihr Glück gesorgt, und sie war sich nicht bewusst gewesen, dass passive Abhängigkeit, egal wie befriedigend sie in manchen Augenblicken sein kann, letztlich Ärger erzeugt. Erfüllung erfordert etwas anderes.

In neueren Studien über die Entwicklung des Kindes wurde nachgewiesen, dass eine befriedigende Beziehung zwischen Mutter und Kind auf subtilen Signalen und Stichwörtern beruht, die beide miteinander austauschen. Es gibt kein passives glückliches Baby. Das glückliche Baby ist enorm aktiv, so die Wissenschaft.

Schlüssel aus der Kindheit

An dem aktiv kommunizierenden Baby könnte sich die sexuell aktive Frau ein Beispiel nehmen. Doch hier stoßen wir auf ein Paradox: Nichts verwandelt uns schneller in ein herumstotterndes Kind als der Versuch, unsere Geheimnisse mitzuteilen und die Wahrheit auszusprechen, ohne zu kritisieren. Wir wissen nicht wie, wir haben Angst, wir schämen uns, wir sind befangen, wir bringen keinen Ton heraus. Völlige Leere im Hirn.

An diesem Punkt sollten wir uns in Erinnerung rufen, dass wir nicht perfekt sein müssen. Wir brauchen unsere Sache nicht gut zu machen. Wir arbeiten ja noch daran, wir lernen noch. Wir sind pure Anfängerinnen. Denken wir an den Lohn: Die Erfüllung unserer Wünsche könnte in nähere Reichweite rücken. Also fangen wir an zu reden. Wir bitten unsere Geliebte, unsere geheime Sehnsucht und unseren verborgenen Schmerz zu vernehmen. Und während wir zittern, weil wir den

Fuß möglicherweise gerade auf eine Tretmine gesetzt oder ein Erdbeben ausgelöst haben, hören wir erstaunlich oft: »Herzchen, ich hatte ja keine Ahnung, dass du das so empfindest! Warum hast du mir das nicht schon längst erzählt?«

Keine Explosion. Die Erde hat sich nicht aufgetan. Unsere Beziehung ist nicht im Schlund der Hölle verschwunden – statt dessen hat sich uns ein Raum eröffnet. Wir werden mitten in einem finsteren, gefährlichen Wald auf eine sonnenbeschienene Lichtung gewunken und ermuntert, mehr zu sagen, mehr von unserer Wahrheit zu enthüllen: »Warum hast du mir das nicht schon längst erzählt?«

Als Lou und Annie diese Lichtung betraten, stellten sich beide dieselbe Frage: »Warum?« Und beide fanden anfangs dieselbe Antwort: »Das hab ich doch versucht! Ich habe so oft versucht, dir davon zu erzählen. Aber du wolltest mir einfach nicht zuhören!«

Nehmen wir ihr das an diesem Punkt unserer Wahrheitssuche ab? Unsere Partnerin schaut verblüfft drein. Versucht? So oft? Und sie hat immer noch nicht die leiseste Ahnung? Für gewöhnlich hat sie kein Hörproblem. Für gewöhnlich liebt sie uns und hegt uns gegenüber die besten Absichten. Irgendwas stimmt hier also nicht. Wenn wir uns zum Vergleich das aktive Baby in Erinnerung rufen, stoßen wir auf einen gravierenden Unterschied. Wenn die Bedürfnisse des Babys nicht erfüllt werden, lässt es uns darüber nicht im Zweifel. Das Baby fängt an zu greinen und schreit sich notfalls die Seele aus dem Leib. Die erwachsene Frau hingegen flüstert und ergeht sich in zarten Andeutungen. Sie wirft sehnsuchtsvolle Blicke. Sie schmollt. Sie übt sich in magischem Wunschdenken und wartet ab.

Doch wo sie nun von ihrer Geliebten ermutigt worden ist, sich zu öffnen, gesteht sie vielleicht ein, dass sie es nicht gewagt hat, das Wort zu ergreifen und klar und deutlich über ihre verborgene Realität zu sprechen – dass sie zu schüchtern war oder zu verängstigt. Das Eingeständnis, mitten im gefährlichen Wald Angst zu haben, weckt in der Geliebten gewöhnlich beschützerische Gefühle. Die Lichtung weitet sich. Wenn die Frau mutig genug ist, wagt sie sich noch einen Schritt vor, fasst sich ein Herz und findet die Worte, die ihre geheime Sehnsucht endlich ans Licht bringen. Dann sagt ihre Geliebte vielleicht: »Ich würde es nur zu gern für dich tun, weißt du, aber ich kann es nur dann tun, wenn du versprichst, nicht immer so viel zu trinken, bevor wir Sex haben.« Oder sie sagt vielleicht: »Ehrlich, das kann ich nicht. Das kann ich nicht immer für dich tun, aber ich kann versuchen, es öfter zu tun.« Und vielleicht fügt sie hinzu: »Ich will es versuchen, wenn du deinerseits etwas für mich tust, um das zu bitten ich mich bisher nicht getraut habe ...«

Einander die Wahrheit zu sagen erfordert kreatives Verhandeln: kreativ, weil es uns überraschen kann, was wir unter gewissen Umständen alles zu tun bereit sind. Kinder auf dem Spielplatz verhandeln so: »Ich will mit deinem roten Laster fahren.« »Gut, wenn ich dafür mit deiner Barbie-Puppe spielen kann.« Für ein erwachsenes Paar, das versucht, unterschiedliche Wünsche und Bedürfnisse auszuhandeln, kann es hilfreich sein, die Sache wie Kinder auf dem Spielplatz anzugehen.

Den meisten Frauen wurde von früher Kindheit an beigebracht zu geben, selbstlos zu sein, die Bedürfnisse anderer an die erste Stelle zu setzen. Ich habe keinen Zweifel daran, dass Schenkenwollen eine der grundlegenden Ausdrucksformen von

Liebe ist. In den Augen mancher Frauen sind Geben und Schenken unabdingbar mit der weiblichen Natur und mit unserer Fähigkeit zu gebären verknüpft. Das mag sein, doch zwischen geben *wollen* und geben *müssen* liegen Welten. Die den Frauen zugewiesene Verpflichtung zur Selbstlosigkeit erzeugt vielfach schmerzliche Verwirrung und Wut, besonders in feministischen und post-feministischen Zeiten, wenn von Frauen zugleich erwartet wird, sich für ihre eigenen Bedürfnisse starkzumachen. Kehren wir zum Sandkasten zurück, wo wir offen aussprechen und hinterfragen können, wer wem was und wieviel gibt – damit können wir einen Gutteil unserer Verwirrung und stummen Wut ausräumen.

Und es entwertet unser Geschenk keineswegs, wenn wir im Gegenzug mit etwas beschenkt werden, das wir uns selbst wünschen. Wenn wir kleine Kinder beim Spielen beobachten, stellen wir möglicherweise fest, dass das Überlassen des kostbaren roten Lasters sehr wohl als Geschenk begriffen wird, auch wenn im Gegenzug die Barbie-Puppe hergegeben wird.

Wenn wir für das, was wir geben oder aufgeben wollen, Gegengeschenke vorschlagen und aushandeln, machen wir es uns viel leichter, einander Facetten unseres nackten Selbst zu zeigen. »Es ist mir so peinlich – du weißt, dass ich verklemmt bin, was oralen Sex anbelangt, aber wenn du mich so richtig anmachen würdest, weißt du, wenn du mir ins Ohr flüstern und dabei deine Zunge benutzen würdest, ich glaube, dann könnte ich echt Lust bekommen und es wirklich wollen ...« Wenn wir sehen und erleben, wie verängstigt und schamerfüllt und verletzlich wir beide sind, stellen sich oftmals Mitgefühl und gleichermaßen Zärtlichkeit ein. Wir sind gerührt und gewinnen eine gewisse Unschuld zurück. Wir sind, zumindest für den

Augenblick, wieder wie Kinder, die einfach sagen können: Das tut mir weh, ich will, ich brauche ...

Das ist ein völlig anderes Kind als dasjenige, das brütet und heimlich darauf hofft, das seine Wünsche auf magische Weise erraten werden. Es ist das kreative Kind, das sich traut, zu der anderen – der Geliebten – eine Verbindung zu knüpfen, indem es sich selbst zum Ausdruck bringt und ohne Umschweife sein Wollen und seine Wahrheit vorbringt. Wenn sich unsere Herzen auf diese Weise öffnen, schmilzen die Wände zwischen uns dahin – ebenso wie die Körperpanzerung, die unsere Angst und Wut umschließt und uns auf Distanz hält. Im Körper findet die Zärtlichkeit des Herzens Widerhall, und er öffnet sich – er möchte umarmt werden, berührt werden, niedersinken und sich hingeben.

Wahrheitsliebe und körperliche Liebe haben eine Menge gemeinsam. Denken wir beispielsweise an den machtvollen Impuls, wenn wir uns frisch verliebt haben und uns zu einer Frau hingezogen fühlen: Wir sind von Begehren erfüllt, einem Begehren, das so stark ist, dass es sich über alle Hemmungen und Hindernisse hinwegsetzt, um sich zum Ausdruck zu bringen. Die Sehnsucht, die in uns wächst, drängt aus uns heraus zur Äußerung, und wo unsere Sehnsucht zum Ausdruck kommt, kommen wir zum Ausdruck. Das gleiche gilt für die Wahrheit: ein ähnliches Anwachsen von Spannung, Begehren, Angst und Verlangen führt uns letztendlich dazu, sie auszusprechen. Und wenn wir den Ausdruck gefunden, das richtige Wort gefunden haben, kann die Erleichterung wie ein Orgasmus sein. Wir alle wissen, wie großartig er sein kann, dieser erfrischende, köstliche Augenblick der Wahrheit.

Das coolste Spiel von allen

Ein solcher Augenblick kam in einer der ersten Sitzungen mit Mariushka und Sybil, dem Paar, das alles Erdenkliche getan hatte, um sich die sexuelle Magie zu erhalten. Mariushka und Sybil beschreiben mir ihre Beziehung. Ganz besonders stolz sind sie auf die Tatsache, dass sie sich von Anfang an erlaubt haben, ihre Blicke schweifen zu lassen und mit anderen Frauen zu flirten.

»Wenn man nur zu zweit ist und immer nur seine Geliebte im Blick hat, wird das nach einer Weile doch langweilig«, erklärt Mariushka. »Ich meine, wo soll die Inspiration denn herkommen, die Würze in der Suppe? Frauen sind dermaßen schön und aufregend. Und wenn du nicht flirtest, dann verkümmerst du. Du vergisst, dass du ein sexuelles Wesen bist.«

Sie wird mit jeder Sekunde feuriger. Ich registriere, dass Sybils Augen völlig ausdruckslos sind, während sie Mariushkas Rede nickend beipflichtet. Ich frage sie, was sie in diesem Augenblick empfindet.

»Für Mariushka ist das enorm wichtig«, antwortet sie. »Ich habe manchmal keine Lust, mit irgendeiner fremden Frau zu flirten, aber ich weiß, dass es Mariushka mächtig anmacht, wenn ich es tue. Sie ist die Schauspielerin. Also mache ich mit.«

»Heißt das, du flirtest mit anderen Frauen, weil Mariushka das von dir verlangt?«

»Oh, es macht mir natürlich auch Spaß, wenn ich mich einmal darauf eingelassen habe«, erwidert sie.

»Was würde passieren, wenn du dich nicht darauf einlässt und nur deinem Gefühl folgen würdest?«

»Ich lasse mich immer gerne darauf ein«, meint sie, und dann lacht sie, als ob sie ihre Worte selbst nicht ganz überzeugend fände. »Das wird ja von mir erwartet.« Sie wirft Mariushka einen raschen Blick zu. »Was passieren würde? Das will ich dir ehrlich sagen: Dann wäre Mariushka die einzige, die herumflirtet, und das würde mir total gegen den Strich gehen. Ich würde mich ausgeschlossen fühlen. Ich habe ohnehin oft das Gefühl, dass ich ihr nicht genüge, und wenn sie dann anderen Frauen hinterhersieht, bin ich verletzt und eifersüchtig ...«

»Du flirtest also, um diese Gefühle nicht aufkommen zu lassen?«

Sie nickt nervös.

»Aber Süße ...« Mariushka springt auf, kniet sich neben Sybil nieder und ergreift mit großer Geste ihre Hand. »Ich dachte, dir macht es Spaß! Mit anderen Frauen zu flirten schien dich immer so anzumachen. Du hast mir den Eindruck vermittelt, das sei unser coolstes Spiel von allen. Ich hab um deinetwillen mitgespielt!«

»Um meinetwillen?« Sybil sieht sie ungläubig an.

»Glaub mir!« versichert Mariushka. »Ich lege da überhaupt keinen Wert drauf! Sag mir, ich soll es lassen, und ich tu's.«

»Aber ich dachte, du liebst mich nur, wenn ich mich auf solche supercoolen Spiele einlasse«, entgegnet Mariushka. »Dass du mich nur begehrst, wenn ich mich offen sexuell zeige ... in aller Öffentlichkeit. Ich dachte, wenn ich das nicht tue, findest du mich uninteressant und beachtest mich nicht mehr.«

»Das Komische ist«, fährt Mariushka nachdenklich fort, »dass ich auch gar nicht immer Lust dazu habe, weißt du das? Aber du siehst oft so ... so gelangweilt oder abwesend oder so aus, und dann denke ich, ich müsste alles dransetzen, dich aufzuheitern und dich anzumachen und ein Spiel anzufangen.«

»Du müsstest alles dransetzen? Mich anzumachen?« Sybil scheint völlig perplex zu sein.

Mariushka zuckt die Achseln. »Ja, genau. Ich tue es wirklich mehr für dich als für mich. Ich tue es für uns. Ich habe immer befürchtet, du würdest dich langweilen, wenn ich nicht andauernd ...«

Schweigen.

»Also tut ihr beide eine ganze Menge füreinander – nicht weil ihr es wirklich wollt, sondern weil jede von euch denkt, die andere erwartet oder braucht das?« frage ich.

»Aber das ist ja absurd!« Sybil sieht Mariushka an, die noch immer neben ihr kniet, und bricht in Lachen aus. »Bist du sicher?«

Sie lachen beide lauthals, bis Sybils Lachen sich plötzlich in Weinen verwandelt.

»Ich bin es dermaßen leid«, schluchzt sie. »Ich bin die ganze verfluchte Fickerei dermaßen leid.«

Und wieder brechen die beiden in lautes Gelächter aus.

In diesem für Sybil und Mariushka bahnbrechenden Augenblick kam die Wahrheit überraschend ans Licht und brachte ihnen beiden sofortige Entlastung. Weniger überraschend war, dass dieser Augenblick der Wahrheit der Katalysator wurde, der die beiden ermutigte, ihre Erkundung fortzusetzen, wobei sie auf weitere Beispiele dafür stießen, dass sie Dinge füreinander getan hatten, die die Beziehung belasteten.

Der Geliebten etwas Gutes tun, ihr zu Gefallen sein, sie nicht enttäuschen zu wollen sind liebevolle, fürsorgliche Impulse, die Frauen nur allzu leicht in die Falle locken, wenn die Wahrheit bei dieser Gleichung nicht berücksichtigt wird. Wir fallen möglicherweise einer der großen Mythen oder auch einfach nur einer falschen Annahme zum Opfer: Sie will dieses, sie braucht jenes, sie wird sich mit mir langweilen, wenn ich dies nicht tue, sie wird glauben, ich liebe sie nicht, wenn ich mich weigere, jenes zu tun, etc. Und die zugrundeliegende Annahme wird niemals in Worte gefasst, geschweige denn hinterfragt. Wir wagen nicht, sie einer Realitätsprüfung zu unterziehen, denn das würde einen Teil unserer wahren Gedanken und Gefühle ans Licht bringen. »Wir tanzen Ringelreihen und raten«, heißt es bei Robert Frost, »aber das Geheimnis hockt in der Mitte und weiß ...«

Als Mariushka und Sybil anfingen, die Wahrheit dessen aufzudröseln, was sie entgegen ihren Wünschen füreinander taten, wurde allmählich klar, warum sie ihrer Beziehung müde waren und warum Sex sich in Arbeit verwandelt hatte.

Als Annie und Lou entdeckten, welchen Ärger sie über ihre strikte Rollenteilung empfanden, wurde ihnen klar, warum sie keinen sexuellen Appetit mehr aufeinander verspürten.

Was nun? Die meisten Paare klagen in diesem Stadium darüber, dass ein Problem sich nicht automatisch löst, indem sie es klar erkennen und sich die Wahrheit darüber sagen. Manchmal sind sie frustriert und wütend über diesen Prozess und beschuldigen mich, alles nur noch schlimmer zu machen. Ein Problem klar zu sehen kann uns ziemlich nervös machen, und das ist ein guter Grund, lieber nicht daran zu rühren. Verständnis bringt die unvermittelte Erkenntnis mit sich, dass wir die Situation nicht auf sich beruhen lassen können, sondern etwas tun müssen. Wir müssen uns ändern.

Wenn Lou und Annie etwas an ihrer Situation ändern wollen, dann müssen sie es wagen, ihre sexuellen Rollen zu ändern, und das ist etwas, was sie in der Vergangenheit sorgsam vermieden haben, weil sie nicht wussten, wie sie es anfangen sollten. Wenn Mariushka und Sybil etwas ändern wollen, dann müssen sie das, was sie miteinander tun, auf das begrenzen, worauf sie wirklich Lust haben, und sie wissen erst einmal nicht, ob sie dazu überhaupt noch Lust haben.

Beide Paare gestehen mir, dass sie sich hilflos und verunsichert fühlen. Wie sollen sie den nächsten Schritt tun?

Was nun?

Denken wir einen Augenblick nach. Wer von uns hatte gute Lehrerinnen und Lehrer, die uns beigebracht haben, wie man die Wahrheit sagt? Ehrlich gesagt, ich nicht. Natürlich wurde von allen Seiten die Wahrheit als Tugend gepriesen; es gab elterliche Ermahnungen, puritanische Warnungen, weise Worte von Philosophen und spirituellen Lehrerinnen. Aber keine konkreten Handlungsanweisungen. Kein »Die Wahrheit sagen in zwölf Schritten«, obwohl sich alle einig zu sein schienen, dass es nicht einfach ist. Und für uns Frauen, die wir höchst ungern die Gefühle anderer verletzen, ist es besonders schwer. Wie können wir uns diese Fähigkeit also aneignen? Niemand sagt es uns.

Hier finden wir eine weitere Parallele zum Thema Sex – obwohl einzuwenden ist, dass wir in Sachen Sex eigentlich über vielfache Informationen verfügen. Angefangen mit Platos *Symposion* verfügen wir über eine Literatur, in der Sex beschrieben und damit auch gelehrt wird. Erotische und pornographische

Schriften gibt es seit ewigen Zeiten; es gibt die Werke von Chaucer, Casanova und dem Marquis de Sade. Seit dem Ende des viktorianischen Zeitalters gibt es keinen Bettzipfel mehr, der noch nicht gelüpft und für ein weiteres Sexhandbuch unter die Lupe genommen worden wäre. In den letzten Jahrzehnten sind wir von Pat Califias *Sapphistrie* über Susie Brights *Best of Susie Sexpert* bis zu *Schöner kommen, Sinnliche Magie* und *Tantra für Genießerinnen* vorangeschritten. Gibt es irgend etwas, das wir noch nicht wissen?

Wir haben aus dem *Kinsey Report*, von Masters und Johnson und aus dem *Hite Report* gelernt. Wir fürchten nicht mehr, dass Masturbation zu Hirnerweichung führt, wir können zensierte und indizierte Filme sehen und Pornomagazine am Kiosk kaufen, wir wissen, was sich in *Deep Throat* und *Behind the Green Door* abspielt, wir haben *Lolita* gelesen und *Die Geschichte der O,* wir haben die neuesten Trends erkundet: den G-Spot, Ecstasy, Tantra-Workshops – doch was ist, wenn uns all das nur wenig oder gar nichts über unser individuelles sexuelles Selbst, unseren rätselhaften sexuellen Körper gelehrt hat? Wäre es möglich, dass Sex und Wahrheit nicht gelehrt werden können? Wäre es nicht erstaunlich, wenn wir nach hundert Jahren sexuellen Experimentierens, sexueller Befreiung und sexueller Revolution, nach Geburtenkontrolle und dem »Sommer der Liebe«, nach der Wiederaneignung unserer Körper und »Wir erobern die Nacht zurück« noch immer kaum mehr über Sex wissen, als das viktorianische Zeitalter wusste?

Ein provokanter Gedanke. Ich bin der Ansicht, dass wir im Zuge all dieser sexuellen Befreiungsbewegungen gleichzeitig auch immer gelernt haben, unseren Körper zu missachten und zu missbrauchen. Wir haben unseren Körper gelehrt, unsere

Neigungen und Ängste zum Schweigen zu bringen, während wir uns alle Mühe gaben, die befreite Frau zu spielen oder zu sein: mit jedem Jahrzehnt dünner, freier, verführerischer. Viele von uns haben ihren Körper riskanten Experimenten ausgesetzt und ihn in sexuelle Ekstase gepeitscht. Wir haben uns aufgemacht, den »dunklen Kontinent« zu erobern. Wir haben uns und unsere Geliebten bis an die Schmerzgrenze und zurück begleitet. Und dennoch sind wir keinen Deut schlauer geworden. Wir stellen noch immer dieselben Fragen: Wie kann ich meine Geliebte so berühren, dass ich sie erreiche, und wie kann ich mich ebenso von ihr berühren und erreichen lassen? Wie kann ich durch Sex Liebe zum Ausdruck bringen und in einer Liebesbeziehung die Leidenschaft erhalten? In ihrem Buch *Ferocious Romance* beschreibt die bekannte amerikanische Leder-Domina Donna Minkowitz diesen grundlegenden Zustand der Ratlosigkeit und Unzufriedenheit: »Ich habe eine der Lieben meines Lebens gefunden, und ich kann sie nur auf eine Art und Weise berühren: mit unterschiedlich beißenden Lederpeitschen.« Mit trauriger Verwunderung fragen wir uns, warum unser ernsthaftes Bemühen so oft vergeblich ist.

Was wäre, wenn unser Schreien und Flüstern der Lust ein Alphabet wäre, das wir uns selbst fortwährend aneignen müssen – das geheime Alphabet unseres Körpers, das jede Geliebten mit unserer Hilfe erst lernen muss? Wir wachsen, unser Körper verändert sich, wir altern. Mit jeder neuen Lebensphase muss dieses Alphabet vielleicht neu buchstabiert werden. Mit jeder neuen Beziehung muss vielleicht eine neue Sprache des Körpers gefunden und mit Geduld und Leidenschaft gesprochen werden, wenn wir sexuell enthüllt, berührt und schließlich erfüllt sein wollen.

Es ist schwer, ein Verlangen zu erfüllen, das wir selbst nicht kennen.

Doch wir wollen nicht aufgeben. Erinnern wir uns, dass wir uns auf einer Reise befinden. Denken wir an das folgende japanische Haiku mit seinem erotischen Subtext:

Ja, Schnecke,
besteige den Fujiyama,
aber langsam, langsam.

Unleugbar wird die Schnecke am Fuße des Berges versucht sein aufzugeben.

»Was soll bloß dieser ganze Wirbel um Sex?« fragte Lou in einer unserer ersten Sitzungen. »Wer sagt denn, dass Sex überhaupt so wichtig ist?« Bevor Annie die Chance hat zu sagen, dass *ihr* Sex wichtig ist, lässt Lou eine Schmährede vom Stapel.

»Sex ist auch nur eine weitere Industrie«, behauptet sie, »ein Konsumgut wie jedes andere. Brauchen wir fünfzehn verschiedene Sorten Klopapier? Das meiste von dem, was wir angeblich brauchen, brauchen wir keineswegs. Und jetzt müssen wir unbedingt Sex haben. Fünfzehn Mal die Woche! Und dazu fünfzehn Zeitschriften mit Artikeln über Verführung und Orgasmus und was weiß ich nicht alles, und Bücher und erotische Filme und Reizwäsche ... all dieses Zeug. Fragt uns eigentlich jemand, ob wir das alles überhaupt wollen?« Sie blickt erbost um sich. »Ich nicht!« erklärt sie trotzig, während Annie im selben Moment leise sagt: »Ich schon!«

In den siebziger Jahren hat Annie Wilhelm Reich gelesen, und seine Theorien über den Orgasmus haben sie davon überzeugt, dass Sex gesund ist und dass die Qualität des Orgasmus sehr wohl eine Rolle spielt.

»Sex tut gut«, gibt Annie zu bedenken. »Der gesamte Organismus braucht den Orgasmus, um sein Gleichgewicht wiederzufinden. Energiefluss, Säfte, du weißt schon. Wenn die Natur es uns gibt, warum es dann nicht annehmen?«

»Ja, klar, als wären wir Bäume, die man anzapft. Wenn wir Triebe haben, gut. Wir können es uns selbst machen. Die Natur hat es so eingerichtet, dass unsere Arme gerade lang genug sind, oder? Ist das nicht witzig? Aber das Ganze dermaßen aufzubauschen und auf einen Podest zu hieven, wie Reich es gemacht hat? Nie und nimmer. Ich werde sowieso bald die Menopause erreichen, und mir ist wichtig, dass wir uns auch ohne Sex nah sein können. Wir lieben uns. Wir sind glücklich mit unserem Leben. Wozu soll dieser Druck gut sein?«

»Wozu soll das Vergnügen gut sein?« spöttelt Annie.

Das ist der Beginn einer interessanten Diskussion darüber, was Sex eigentlich ist. Und wozu Sex gut ist. Ich stelle fest, dass es Annie Spaß zu machen scheint, hitzig zu argumentieren und Lou in die Enge zu treiben, wann immer es ihr möglich ist, und dass Lou sich wiederholt und den Faden verliert, aber dass sie Annie mit verstohlenem Vergnügen beäugt. Ich merke, dass es ihr nicht darauf ankommt, die Debatte zu gewinnen. Sie genießt die Tatsache, dass Annie ein Machtspiel spielt und sich ordentlich ins Zeug legt.

Das Gespräch wird emotionaler, als Annie erklärt: »Okay, Sex ist also kein Muss, aber er spielt schon eine Rolle. Eine große, in meinen Augen. Ich liebe dich, das stimmt, und ich denke, wir sind uns nah. Aber wenn wir anfangen, uns zu lieben, geschieht noch etwas anderes. Wie soll ich es beschreiben? Ich himmele dich an. Ich habe plötzlich das Gefühl, dass alle Wände nachgeben, dass all die Kämpfe und Zänkereien zwischen

uns mit einem Schlag weg sind – *wusch!* Weggeweht, vergessen. Da ist nur noch Liebe, und enorme Dankbarkeit. In dem
Augenblick würde ich alles für dich tun. Ich habe das Gefühl,
zu dir zu gehören, mit jeder einzelnen Faser. Ich gebe dir alles,
was ich habe, und alles, was ich bin. Alles deins.«

Nach ihrer streitbaren Auseinandersetzung ist dies ein Augenblick von großer Intensität. Lou ist hingerissen, das ist offenkundig. Sie gibt ihre Position preis. Es hilft alles nichts, sie
muss zugeben, dass Annie recht hat. Sex ist doch noch einen
Versuch wert.

Geh zurück auf Los

Das langsame Besteigen des Fujiyama ist eine Reise ins
Ungewisse. Doch es ist gut, sich in Erinnerung zu rufen,
dass die Angst vor dem Ungewissen auf etwas basiert, das nur
zum Teil wirklich existiert. Annie und Lou, Mariushka und
Sybil wissen bereits eine Menge Dinge: Sie haben angefangen,
sich die Wahrheit zu sagen; sie haben Verhandlungen aufge-
nommen, um zu bekommen, was sie wollen; und sie wissen
natürlich, was sie sich wünschen oder auch nicht, zumindest
in gewissem Maße. Das ist für den Anfang schon allerhand.
Und nun entdecken wir, dass etwas *nicht* zu wissen vielleicht
das Ermutigendste überhaupt sein kann.

Es ist nämlich eine enorme Entlastung, wenn ein Paar in der
Lage ist zu sagen: »Wir beiden wollen das, wir wollen Liebe
und sexuelle Erfüllung in unserer Beziehung, aber wir wissen
nicht, wie wir das hinkriegen sollen.« Das ist eine Offenbarung.
Zwei Liebende gestehen einander die schlichte Tatsache ein,

dass wir alle Produkte einer Kultur sind, die uns nötigt, alles über Sex zu wissen, während sie uns nicht das geringste beibringt. Plötzlich eröffnet sich die Chance, wieder jung zu sein und offen und ohne Scham zu sagen: »Ich muss alles erst lernen. Ich weiß nicht, wie ich dich verführen soll, dich nehmen soll, ich habe keine Ahnung, wie ich mich dir hingeben kann, ich weiß nicht, wie ich nein sagen soll, wenn du mich berührst, ich weiß nicht, wie ich dir sagen soll, wie du es richtig machst ...« Wir kehren in den Zustand der Unschuld zurück, in dem wir wenig wissen und nichts für gegeben nehmen können. Wir schlagen eine neue Seite auf und beginnen von vorn – wir als Paar geben uns die Erlaubnis und die relative Sicherheit zu experimentieren und etwas herauszufinden. Diesen mentalen Raum, in dem nichts vorausgesetzt ist und die Wahrheit gesagt werden kann, nenne ich den »Lernort der Liebe«.

Wir alle kennen diesen Ort. Wenn wir uns verlieben und anfangen, miteinander zu schlafen, sind wir uns vielleicht nicht bewusst, dass wir uns an einem »Lernort« befinden, an dem wir erforschen, was wir mögen oder nicht mögen, was uns sexuell erregt oder erschreckt. Als ein neu zueinanderfindendes Paar ergibt sich dieser Prozess ganz von selbst. Doch wenn unsere stillschweigende Übereinkunft, unsere Übereinkunft als Paar sexuell nicht oder nicht mehr stimmt, setzt eine neue Phase ein. Gewöhnlich ist das eine turbulente Phase. Sie zeichnet sich durch Streit und Frust aus und durch die Versuchung, das Handtuch zu werfen. Oft suchen Frauen in dieser Phase eine Paarberatung auf.

Das Gefühl, in einer Sackgasse zu stecken, bedeutet nicht, versagt zu haben. Ich betrachte es vielmehr als ein unvermeidliches Stadium in jeder Langzeitbeziehung. Die Herausforderung dieses Stadiums heißt, sich zu verändern, mit alten Gewohnheiten zu brechen, die Wahrheit zu kultivieren und sich als Paar neu zu definieren. Wenn sich zwei Liebende an diesem Punkt an die Beziehungsarbeit machen, begeben sie sich bewusst wieder an den Lernort der Liebe. Anstatt sich dafür zu schämen, das Paradies verloren zu haben, stellen sie vielleicht fest, dass sie sich auf der Liebesreise dorthin zurück befinden. Wenn unsere großen Mythen sich als nicht tragfähig erweisen, können wir – anstatt uns unseres sexuellen Ungenügens zu schämen – erotische Befreiung erlangen, indem wir den Lernort der Liebe erneut aufsuchen.

Diese Strategie hat für Annie und Lou funktioniert. Sie hat die beiden ermutigt, sich ein deutliches und ehrliches Bild ihrer Paardynamik im Bett zu machen. Lou war wie gesagt frustriert, weil Annie die Rolle der Nehmenden besetzt hielt und immer nur die »Femme« sein wollte. Aber Lou konnte jene »weibliche« Rolle selbst nicht spielen, weil sie zuviel Angst hatte, die Kontrolle abzugeben. Deshalb hatte sie Annie nie wirklich gebeten, die aktive Rolle zu übernehmen, ihrer Geliebten aber heimlich deren Mangel an »Butch-Qualitäten« vorgehalten. Indem Lou sich Annies »weiblichen« Verführungskünsten widersetzte, hatte sie Annie dazu bringen wollen, sich zu ändern und sie aktiv anzumachen, was Annie jedoch nie wagte. Nun ergab das vollständige Bild, dass beide Frauen Angst hatten, die Rolle zu wechseln, und sich auch nicht trauten, diese Tatsache klar und deutlich anzusprechen.

Wenn ein Paar beschließt, sich die Schuld zu teilen, entfällt diese meistens ganz von selbst. Ohne Schuldzuweisung können wir es riskieren, zu experimentieren und nach Lösungen zu suchen – gemeinsam.

Und genau das taten Annie und Lou. Sozusagen Hand in Hand gingen sie wieder in die »Liebesschule«, wie sie es nannten, und entwarfen einen Plan, um aus ihrer sexuellen Sackgasse herauszukommen. In einer spielerischen Laune fanden sie, sie dürften schon die zweite Klasse der Liebesschule besuchen, weil sie die eine Rollenverteilung bereits erfolgreich beherrschten. Diese Errungenschaft wollten sie auch keineswegs aufgeben, denn jetzt, wo die Wahrheit heraus war und Hoffnung auf etwas Neues bestand, hatte Lou längst nicht mehr so große Vorbehalte gegen die alte Rollenaufteilung. Das Butch-Femme-Spiel würde auf diese Weise wieder Spaß machen. In der zweiten Klasse ging es nun darum, die jeweils andere Rolle in ihr Repertoire aufzunehmen. Lou musste jetzt also die Femme geben, was bedeutete, dass sie Annies schüchterne und unbeholfene Versuche, die Eroberin zu spielen, hinzunehmen hatte. Das war nicht leicht für die beiden, und oftmals bekam die eine oder andere von ihnen einen hysterischen Lachanfall, der jedwede Konzentration oder romantisch-erotische Stimmung zunichte machte. Selbst wenn sie ernst blieben, gelangten sie anfangs nicht zu großartigen Ergebnissen, und wiederum mussten sie sich der Herausforderung stellen, dies einander einzugestehen.

In unseren Sitzungen wies ich die beiden darauf hin, dass sich ihre Gespräche über Macht und Kontrolle vertieften. Lou und Annie sahen sich ihre Machtverteilung inzwischen auch auf anderen Gebieten genauer an. Die Geschichte, die sie für sich und mich entworfen hatten, als sie anfangs zu mir kamen, und die besagte, dass sie beide sich mit gleicher Hingabe ihrer DTP-Firma widmeten und dasselbe Golf-Handicap hatten, veränderte sich allmählich. Es stellte sich heraus, dass Lou in der

Firma die dominante, »väterliche« Rolle spielte und Annie insgeheim von wichtigen Entscheidungen ausschloss. Auf dem Golfplatz ließ sie Annie jedes zweite Mal gewinnen, weil sie meinte, Annie in ihrer Verletzlichkeit beschützen zu müssen. Offene Konkurrenz war Lou unangenehm, also kaschierte sie ihre Überlegenheit und sorgte dafür, dass Annie in der unterlegenen, der »Femme«-Position blieb.

Doch war Annie wirklich darauf angewiesen, von Lou beschützt zu werden? Es stellte sich heraus, dass Annie sich als Kind eine gewisse »feminine« Zerbrechlichkeit angeeignet hatte, um ihren aggressiv-kritischen Vater zu besänftigen. Verführerisch und nicht herausfordernd zu sein war ihre Art gewesen, sich zu schützen. Als Feministin jedoch und in ihrer Beziehung mit Lou hatte Annie versucht, dieses Verhalten abzulegen und nach dem Motto »Wir sind jetzt alle gleich stark und ebenbürtig« zu leben. Doch sie es ließ zu, dass Lou sie beschützte, und sexuell wagte sie es nicht, eine aktive Rolle zu spielen.

Sobald Annie und Lou einmal verstanden hatten, dass sie beide ihren Teil zu diesem Muster beitrugen, konnten sie mögliche Veränderungen erwägen. Lou erklärte sich einverstanden, Annie mehr Spielraum zu geben, so dass Annie sich in beruflicher wie in privater Hinsicht freier entfalten konnte. Sie unterstützte Annie darin, an ihren Handicaps zu arbeiten. Im Berufsleben wie auf dem Golfplatz bemühte sich Annie, gesunden Ehrgeiz zu entwickeln, während Lou versuchte, ihre Befürchtungen in den Griff zu bekommen, dass sie in jedweder offenen Konkurrenzsituation ihre Geliebte ausstechen und hinter sich lassen und folglich allein und verlassen enden würde. Beide Partnerinnen hatten zwischendurch immer wieder

Angst vor der eigenen Courage, aber als Ergebnis dieser Gespräche und neuen Herausforderungen empfanden sie auch Stolz und wachsendes Mitgefühl füreinander.

Die Gehilfin

Im Bett zeigte sich der Fortschritt langsamer, und es gab eine Zeit, da die Ungeduld fast den Sieg davongetragen hätte. Lou entdeckte den Essay »Vom Nutzen des Ärgers« von der inzwischen verstorbenen Dichterin Audre Lorde und klebte ein Zitat daraus an den Kühlschrank. Es lautete: »Unsere Angst vor Ärger, Zorn, Wut darf uns nicht aus der Bahn werfen oder uns dazu verführen, weniger als die harte Arbeit radikaler Ehrlichkeit anzustreben.« Annie reagierte mit einer handgeschriebenen Erwiderung: »Weniger Arbeit, mehr Spiel!« Das Paar machte Bekanntschaft mit der altbekannten Tatsache, dass Sex nach einem guten Streit plötzlich ebenfalls gut sein kann.

Was haben Sex und Streit miteinander zu tun? Lou und Annie stellten fest, dass ihre Auseinandersetzungen es ihnen erlaubten, mit einem größeren Maß an Wahrheit herauszurücken. Nicht unbedingt mit *der* Wahrheit, fanden sie, denn im Zorn übertreiben wir gern. Doch sie empfanden es als Erleichterung, ihrem unterdrückten Ärger Luft zu machen und eine gewisse Distanz zwischen sich zu schaffen. Die beiden fanden heraus, dass aus dem Erleben dieser größeren Distanz und Unabhängigkeit neu entfachtes Begehren und der Wunsch nach Nähe entstehen konnten.

Annie ging mehr aus sich heraus und bekam allmählich Lust zu versuchen, ihre Geliebte zu »nehmen«. Doch Lou mochte das nicht zulassen. Lou fiel es weiterhin schwer, sich hinzugeben, und sie zeigte keinen sonderlichen Ehrgeiz, dieses Verhaltensmuster zu ergründen. »Das ist eben meine Natur«, behauptete sie. Daraufhin pinnte Annie ein Zitat von Audre Lorde an den Kühlschrank: »Wenn wir verstehen, machen wir uns Wissen nutzbar, und darin liegt die Dringlichkeit, der Anstoß, der Antrieb.« Und Annie entwickelte in der Tat die Dringlichkeit, den Anstoß, den Antrieb, Lous Widerstand verstehen zu wollen. Stück für Stück erschloss sich der Grund von Lous Angst, sexuell die Kontrolle abzugeben, aus ihren Kindheitserinnerungen. Lou hatte früh gelernt, ihre eigenen Bedürfnisse und Freuden zurückzustellen, um eine fordernde, verletzliche Mutter zu beschützen und zufriedenzustellen, die sie ansonsten mit schweigender Nichtachtung bestraft hätte. Von Kindheit an hatte Lou sich eisern beherrschen müssen, um zu verhindern, dass sie für ihre Mutter einfach nicht mehr existierte. Als diese Erkenntnis sich Lou erschloss, als sie in Kontakt mit ihrem kindlichen Ich trat, weinte sie viel, und Annie genoss es, sie in den Armen halten zu dürfen. In Annie keimte der Wunsch, Lou beschützen zu wollen, und eines Tages erwuchs aus ihrem Mitgefühl für Lou und ihre Probleme eine Idee.

»Du brauchst eine Gehilfin, mein Schatz«, verkündet sie plötzlich in einer unserer Sitzungen.

Lou ist perplex.

»Du weißt schon – wie Adam«, erklärte Annie ihr. »Er hat es auch nicht allein geschafft. Also hat Gott ihm eine Gehilfin zur Seite gestellt, stimmt's?« Sie kramt in ihrer Tasche und holt eine braune Papiertüte hervor.

Lou erschrickt, als sie das Geschenk auspackt – ein eleganter kleiner batteriebetriebener Vibrator.

»Es ist ein Ladyfinger«, sagt Annie ermutigend. »Ein Spielzeug.«

»Ja, aber ich bin doch kein kleines Kind ... Ich mache mir
nichts aus Spielzeug«, entgegnet Lou und stopft das Ding
rasch wieder in die Tüte zurück.

Annie macht ein langes Gesicht.

»Hast du schon mal mit Sexspielzeug experimentiert?« frage
ich Lou.

Sie schüttelt den Kopf. »Ich finde das irgendwie eklig. Ich
möchte es nicht ausprobieren.«

»Du hast es also noch nie versucht«, sage ich nachdenklich.
»Es muss schwer sein, schätze ich, schon wieder gebeten zu
werden, etwas auszuprobieren, mit dem du keinerlei Erfahrung
hast. Sozusagen vor aller Augen die Narrenrolle zu übernehmen. Vor Annies Augen ...«

»Aber ich hab doch auch nicht mehr Erfahrung damit als du«,
versichert Annie ihr schnell. »Glaubst du, ich hätte je einen
Vibrator benutzt? Ich bin doch auch völlig unwissend. Und
deshalb hab ich das hier besorgt.« Sie holt eine Videocassette
aus ihrer Tasche und hält sie hoch. »Siehst du? Alles, was du
schon immer über Sexspielzeug wissen wolltest, aber nie zu
fragen wagtest. Au weia! Da machen wir besser das Licht aus,
fassen uns bei den Händen und zittern zusammen, wenn wir
es anschauen. Huuuhhhh!«

Lou muss grinsen, aber noch ist sie nicht überzeugt. Wir drei
reden nun ausführlich über Lous Gefühl, dass es ein Zeichen
von komplettem Versagen ist, wenn man einen Vibrator mit
ins Bett nimmt. Viele Lesben halten ein Hilfsmittel wie einen
Vibrator für das Eingeständnis eines besonders schamvollen
Versagens, weil es bedeutet, dass Frauen keinen Sex ohne

»Penis-Präsenz« im Bett haben können. Obwohl Lou all das durchschaut und schallend lacht bei dem Gedanken, dass Frauen etwas brauchen könnten, das Männer haben, ist ihr bei dem Gedanken an diese »Penis-Präsenz« in ihrem Bett dennoch unbehaglich zumute. Annie, die sich nicht mehr einschüchtern lässt, ersetzt ihren Ladyfinger durch einen medizinischen Massagevibrator, der keinerlei gefährliche Ähnlichkeit mit einem Körperteil aufweist.

Nun kommt der nächste Mythos ans Licht: Einzig ehrliche harte Arbeit verdient es, mit Lust belohnt zu werden. Einen Vibrator zu benutzen ist keine ehrliche harte Arbeit.

Wir reden weiter über den puritanischen Glaubenssatz, dass wir einzig für harte Arbeit oder Pflichterfüllung mit Genüssen belohnt werden; dass Lustempfindung nicht als Gabe an sich gilt, nicht einmal als von Gott gegebene Gabe. Wir sprechen über den Begriff Spielen – wie beispielsweise Golfspielen. Lou kennt den Unterschied zwischen einem steifen, angestrengten Schlag und einem entspannten, spielerisch-unbeschwerten Schlag. Sie weiß, dass letzterer viel eher Vergnügen und obendrein Erfolg verspricht. Wir reden darüber, dass das Spielerische ein höchst wünschenswerter Bestandteil aller menschlichen Aktivitäten sein sollte, insbesondere beim Sport und beim Sex. Die Golf-Analogie fällt auf fruchtbaren Boden: Lou ist einverstanden, »dieses Ding da« auszuprobieren – aber nur für sich allein und nur für ihre schmerzende Schulter! Kurze Zeit später hat das Ding eine Rolle im Liebesspiel von Lou und Annie übernommen: Es ist jetzt der »Putter«, der Lous Ball über die letzten Zentimeter am Ziel einlocht, wenn Lou mit dem Handicap »Femme« spielt.

Annies Idee war also letztendlich erfolgreich. Zu wissen, dass

Lou das Spielzeug jederzeit benutzen konnte, wenn sie das Bedürfnis hatte, ihre Lust unter Kontrolle zu halten, war die richtige Strategie. Sie erlaubte ihnen beiden, ihre Aufgaben am Lernort Liebe entspannter anzugehen.

»Wir haben einen neuen Namen dafür«, erzählt Annie einige Sitzungen später. »Wir nennen es nun Spieltraining.«

Lou nickt. »Ich war immer dermaßen nervös, ob ich kommen würde oder nicht und wie lange ich dazu brauchen würde. Ich meine, das ist der Grund, warum ich Orgasmen vorgetäuscht habe. Es war mir peinlich. Je länger ich brauchte, desto sicherer war ich, dass ich nie kommen würde, und mit Annie zusammen hab ich lieber auf meinen Orgasmus verzichtet und so getan, als ob er mir nicht so wichtig wäre. Aber mit unserem kleinen Putter« – sie grinst Annie an – »brauche ich mir keine Sorgen mehr zu machen. Da punkte ich auf jeden Fall. Und Annie braucht sich auch nicht so abzurackern. Das haben wir alles Good Vibrations zu verdanken, dem Spielzeugparadies.«

»Wie geht es dir damit?« frage ich Annie.

»Ich weiß nicht, ob ich nicht doch ein winziges bisschen eifersüchtig bin«, antwortet Annie mit gespieltem Grimm. »Ich mache hier all die Arbeit und ernte keinerlei Beifall, weil unsere kleine Gehilfin ins Spiel kommt und mir die Show stiehlt.«

»Nun hör aber auf!« schmollt Lou. »Du bist doch selbst schuld. Du hast mir das Ding schließlich geschenkt. Du hast mich doch dazu genötigt.« Die beiden blicken mich verstohlen an, um zu sehen, ob ich ihnen das abkaufe.

»Arme Lou«, sage ich. »Arme Annie.«

Kurz nach dieser Sitzung beginnen Lou und Annie, sich von der Paarberatung zu »entwöhnen«, wie sie es nennen. Sie finden, sie haben nun genug gelernt, um allein zurechtzukommen. Nach Abschluss der Therapie melden sie sich noch eine Zeitlang wie vereinbart; dann höre ich nur noch sporadisch, dass alles gut zwischen ihnen läuft und Lou kaum je eine Einladung zum Sex am Sonntagmorgen ausschlägt.

Heißt das nun, dass die beiden schließlich gelernt haben, die Rollen zu tauschen? Interessanterweise nein. Doch durch ihr geduldiges Ausprobieren und Entwickeln von Lösungsstrategien eröffnete sich Annie und Lou eine völlig neue, unerwartete Dimension in ihrem Liebesspiel: eine liebevolle Zugewandtheit, die intime Nähe mit sich brachte und das Gefühl förderte, im Bett einander ebenbürtig zu sein. Der geschickte Einsatz ihrer Gehilfin machte es vergleichsweise unwichtig, wer von ihnen beiden aktiv und wer passiv war, und erlaubte ihnen statt dessen, sich küssend und streichelnd umschlungen zu halten, während sie mit relativer Unbeschwertheit zusammen kamen. Als ich das letzte Mal von ihnen hörte, erfuhr ich, dass Annie und Lou die Turbulenzen der Menopause ziemlich gut bewältigten – dank ihres fortgesetzten »Spieltrainings«.

Polymorph-pervers

Während meiner langjährigen Arbeit als Paartherapeutin habe ich festgestellt, dass jedes Paar seinen eigenen Namen für den Lernort Liebe findet: LOL, Spieltraining, Liebesschule, Liebesreise, Liebestempel und Ort der Initiation sind nur einige davon. Wenn es einem Paar gelingt, sich das Konzept zu eigen zu machen, ist schon viel gewonnen. Eine gute sexuelle Beziehung – wie eine gute Beziehung insgesamt – ist ein lebenslanger Lernprozess. Niemand besteht in Sachen Leben ein Abschlussexamen, und dasselbe gilt für den Lernort Liebe. Es gibt keine Abschlüsse, obwohl es einem Paar, das das Problem seiner sexuellen Frustration gelöst hat, so vorkommen mag, als hätte es gerade seinen Studienabschluss erworben, vielleicht sogar *summa cum laude*. Es gibt keine Lehrerinnen außer unserer jeweiligen Geliebten, wenngleich es außerhalb unserer Paarbeziehung eine Ratgeberin oder Begleiterin geben mag, die uns behilflich ist, nicht den Elan zu verlieren. Dieser Elan speist sich aus nichts anderem als der ehrlichen Einsicht, dass wir über Sex zunächst einmal gar nichts oder fast gar nichts wissen. Denn auch wenn wir uns selbst für großartige Liebhaberinnen halten, so gehören doch immer zwei dazu – wie beim Tango. Wenn wir Paaren auf der Tanzfläche zusehen, fällt uns vielleicht auf, wie leicht eine Anfängerin eine erstklassige Tänzerin aus dem Tritt bringen kann oder dass eine Rumba-Queen und eine Walzerkönigin ein unbeholfenes Paar abgeben können. Wenn diese beiden Vergnügen am gemeinsamen Tanzen finden wollen, dann müssen sie gemeinsam neu anfangen.

Das ist mehr oder weniger, was Mariushka und Sybil sich vorgenommen haben – die beiden »Expertinnen«, die am Sex keinen Geschmack mehr fanden. Es war ihnen immer schwerer gefallen, »draufzukommen«, wie Mariushka gewitzelt hatte. Ihr Problem war, dass Sex nicht Kommunikation *miteinander* bedeutete – Sex war eine Performance für einander, wobei sie beide davon ausgingen, dass ihre Geliebte genau das wollte, genoss und mit Beifall bedachte.

Nach einigen wenigen Sitzungen waren Sybil und Mariushka bereit zuzugeben, dass ihrem Sexleben etwas Künstliches anhaftete, aber der Unterschied zwischen echter und inszenierter Leidenschaft war ihnen abhanden gekommen. Für dieses Paar war es viel schwerer, sich der Wahrheit zu stellen und etwas an der Situation zu ändern, weil alles, was sie taten, immer auch ein Stück weit inszeniert war. Und da sie sich an ihrer sexuellen Beziehung ohnehin schon »überarbeitet« hatten, ging ihnen schon allein die Vorstellung, an einen Ort des Lernens zurückzukehren, gegen den Strich.

»Das ist ja wie Schule, wie Kindergarten«, protestiert Mariushka. »Ich habe die Schule immer gehasst, und ich hab die meiste Zeit geschwänzt und gemogelt. Um die Wahrheit zu sagen, ich finde die ganze Idee völlig abtörnend.«

»Ich bin froh, dass du mir die Wahrheit sagst«, erwidere ich. »Du kannst ruhig darüber lachen. Bezeichne es doch als Sandkasten. Je witziger der Name, desto besser. Experimentieren und etwas Neues ausprobieren sollte Spaß machen und nicht als Strafe empfunden werden.«

»Nennen wir es doch Sexcamp.« Sybil versucht der Sache etwas Positives abzugewinnen. »Obwohl ich nicht weiß, was für neue Tricks wir da noch lernen könnten, nach allem, was wir schon hinter uns haben ...«

»Ich bin keine Sextherapeutin«, erinnere ich sie, »und dies ist auch keine Sextherapie. Es geht hier darum, die *Liebe* zu lernen, denn obwohl ihr sozusagen Sexpertinnen seid, mit Diplom und einem großen Requisitenfundus, findet ihr dennoch kein Glück. Ihr seid müde und erschöpft, habt ihr mir erzählt, statt mehr Liebe füreinander zu empfinden. Wenn also die alten Tricks nicht mehr funktionieren, warum dann nicht einen neuen Ansatz ausprobieren?«

Die beiden sehen mich skeptisch an.

»Wie lange ist es her, seit ihr beide Händchen gehalten und

euch tief in die Augen geguckt habt und von Zärtlichkeit schier überwältigt wart?«

»O nee«, stöhnt Mariushka, »ich ahne Fürchterliches. Statt Sex zu haben willst du, dass wir uns im Dunkeln unter der Bettdecke befummeln. Schnarch! Lesbischer Bettentod garantiert. Das ist genau das, was wir vermeiden wollten, verstehst du nicht?«

Als Mariushka und Sybil auftauten und beschrieben, wie sie Sex miteinander hatten, fiel mir die angestrengte, formalisierte Atmosphäre des Ganzen auf. Ihr Liebesspiel erinnerte an Theateraufführungen. Es gab Schminke, Kostümierungen, »Bühnenanweisungen«. Für spontane Verspieltheit, für Lachen blieb wenig Raum. Abgesehen von ritualisierter »Anmachsprache« und bestimmten Schlüsselwörtern sprachen die beiden beim Sex nicht miteinander. Als ich auf die Begrenztheit und die emotionale Dürre ihres Austausches hinwies, waren Sybil und Mariushka vollkommen perplex. Sie waren so stolz auf ihre sexuellen Leistungen gewesen. Mariushka legte Protest ein: Ich wolle sie beide in »lahme Vanilla-Lesben« verwandeln.

Während der nächsten Sitzungen hatten wir eine lebhafte Diskussion darüber, was Sex ist und was nicht. Ist eine Fußmassage Sex? Ist Rückenkraulen Sex? Ist Schmusen Sex? Für Mariushka war das alles »Vanilla-Quatsch«; für sie waren Sex und Zärtlichkeit unvereinbar. Doch Sybil brachte zunehmend Interesse für etwas zum Ausdruck, das ihr, wie sie es nun empfand, wohl gefehlt hatte.

»Es ist, als ob wir dieses Bild im Kopf hätten, wie Männer zu sein«, sinnierte sie eines Tages. »Männer haben es echt drauf. Ihr Sex ist besser. Und er ist am besten, wenn es anonymer Sex ist. Sex mit Fremden ...«

»Aber das stimmt doch«, fällt Mariushka ihr ins Wort. »Mit einer Fremden erlebst du das echte Abenteuer, das Risiko ...«

»Vielleicht«, gibt Sybil zu. »Aber wir sind uns ja nicht mehr fremd. Wir tun höchstens so. Ich meine, wir geben uns die ganze Zeit so viel Mühe, etwas anderes zu sein – so zu sein, wie wir gern sein wollen, statt wie wir wirklich sind.«

»Aber wie sind wir wirklich?« will Mariushka wissen.

Sybil schweigt.

»Willst du sagen, dass Teile von dir, gewisse Gefühle oder Bedürfnisse, keinen Ausdruck finden können? Dass es dafür keinen Raum gibt?« frage ich.

»Ja, ich darf zum Beispiel nicht schwach oder bedürftig oder kindlich sein – das ist nicht in Ordnung, das ist tabu. Wir müssen immer so tough und unabhängig und biestig sein, und das erzeugt diese komische Distanz zwischen uns, diese Kälte. Es kann doch sicher nicht schaden, ab und an ein bisschen zärtlich zu sein?« Sybil schluckt. »Manchmal wünschte ich ... ich könnte mich anklammern ... und ich würde gehalten werden und mich geborgen fühlen.«

Mariushka sieht sie mit großen Augen an. Sie scheint im Begriff zu sein, Widerspruch einzulegen; sie wirft mir einen Blick zu und schaut dann wieder Sybil an. Es entzündet sich kein Disput. Sybil hat ein Geheimnis preisgegeben. Sie hat an eine empfindliche Stelle gerührt.

Von hier aus gingen wir der Frage nach, was es bedeutet, einem Image zu folgen, ein Ideal anzustreben, anstatt zu schätzen, was ist. Ob es zum Beispiel Sexidole aus Filmen sind oder wie für Sybil und Mariushka schwule Männer – das idealisierte Image trägt die magische Erwartung in sich, von der wir besessen sind und die uns daran hindert, unsere wahren Wünsche und Bedürfnisse zu erkennen und einander mitzuteilen. Das vorfabrizierte Bild, das uns sagt, wie wir sexuell sein sollen und schließlich auch sein wollen, hindert uns daran zu entdecken, wer wir sind. Uns eine »männliche« Sexualität zuzulegen mag eine Zeitlang ein aufregendes Spiel sein. Doch im Rahmen eines stereotypen Konzepts können wir nicht wachsen, nicht lernen und uns nicht weiterentwickeln. Wir fahren uns in einer Wiederholung fest, die alsbald jegliches Leben verliert.

Sybil und Mariushka haben eine Weile gebraucht, um ihre sexuellen Glaubenssätze aufzudröseln und ihre Mythen zu hinterfragen. Am Ende gewann Sybils Bedürfnis nach Zärtlichkeit die Oberhand, und Mariushka lenkte ein ... mit einem Seufzen.

»Okay, zurück in den Sandkasten. Was haben wir schließlich zu verlieren?«

Sie verlangten Hausaufgaben. Ihre erste Aufgabe lautete, darauf zu achten, was genau sie machten, wenn sie Sex miteinander hatten, und wahrzunehmen, was sie dabei empfanden. Ich lenkte ihre Aufmerksamkeit auf Enttäuschungen, das Gefühl von Leere, kindliche Sehnsüchte, das Gefühl, sich zu etwas zu zwingen oder sich gezwungen zu fühlen. Sehr rasch wurde auch Mariushka der Mangel an liebevoller Zuwendung in ihrer Beziehung deutlich. Beide erkannten, dass ihre Zärtlichkeiten stets zweckgebunden waren. Streicheln allein als Möglichkeit, Genuss zu bereiten oder zu empfangen, war nicht genug. Es musste auf den großen Knall des inszenierten Höhepunkts zuführen und dann so schnell wie möglich auf den nächsten.

»Wie wäre es, eine Zeitlang auf Sex zu verzichten?« schlage ich eines Tages vor, als das Paar sich in gegenseitigen Beschuldigungen verstrickt hat, weil nichts richtig läuft und sie sich langweilen.

Beide starren mich schockiert an.

»Du willst, dass wir ein sexuelles Problem lösen, indem wir Sex aufgeben?« fragt Mariushka. »Als nächstes machen wir unsere Hausaufgaben mit Keuschheitsgürtel!«

»Ja, das wäre eine Idee«, erwidere ich. »Doch Enthaltsamkeit allein genügt nicht. Wie ihr beide von euren getrennten Urlaubsreisen wisst, kehrt man nach einer Pause im allgemeinen sehr schnell wieder an den Ausgangspunkt zurück. Es sei denn, es hat sich etwas Grundlegendes verändert ... im Sandkasten.«

»O nein!« stöhnen beide unisono. »Was kommt denn jetzt?«

Zusammen erstellen wir eine Liste von den Dingen, die im Sandkasten erlaubt sind, wie anfassen, angucken, untersuchen, schmecken, Streicheleinheiten zählen etc. – aber kein Sex. So lautet die Regel. Ich bezeichne dieses Verhalten als polymorph-pervers, und dieser Begriff kommt bei den beiden an.

»Polymorphe Perversion« ist ein Begriff, den Freud vor fast hundert Jahren eingeführt hat, um die Sexualität des Kleinkindes zu beschreiben – eine Phase, die seines Erachtens überwunden werden und vom Erwachen des reiferen genitalen sexuellen Begehrens abgelöst werden sollte. Doch Freuds Konjuktiv in allen Ehren – dahinter steckt ein weiterer Mythos: der Mythos der sogenannten »reifen« Sexualität. Diesem Mythos zufolge müssen wir die reinen, unschuldigen körperlichen Empfindungen und neugierigen Erkundungen unserer Kindheit hinter uns lassen. Die in erster Linie sinnlichen Genüsse wie sich reiben und reiten, betatschen und Finger reinstecken, riechen, begucken und in den Mund nehmen – Genüsse, die noch nicht von irgendwelchen Geschlechterregeln oder genitaler Dominanz eingeschränkt sind – sollen aufgegeben werden. Ich schlage vor, dass wir uns statt dessen auch von diesem Mythos verabschieden.

Bislang haben wir drei Mythen unter die Lupe genommen:

Mythos 1: Sie müsste es doch einfach wissen.
Mythos 2: Der Zauber geht flöten, wenn ich es erklären muss.
Mythos 3: Sex ist ein Instinkt, der ganz natürlich seinen Ausdruck findet.

Und jetzt treffen wir auf

Mythos 4: Genitaler Sex, das heißt vaginale Stimulation mittels Penetration, ist die einzige reife Form von Sexualität für echte Frauen und echte Männer.

Alles andere ist pervers, kindisch, regressiv, lächerlich, wenn nicht gar krankhaft. Wir können uns fragen, ob eine derart reduzierte Form von Sex vielleicht einer männlichen Vorstellung und Definition von Sexualität entspricht. Jungen werden schließlich von klein auf dazu erzogen, den meisten, wenn nicht gar allen körperlichen und sinnlichen Genüssen zu entsagen. Sie werden nicht ermutigt, zu streicheln oder sich streicheln zu lassen, Schaumbäder und Körperlotionen zu genießen, Gefallen an hundert Bürstenstrichen durch ihr langes seidiges Haar zu finden, sich eine angenehme Ewigkeit dem Genuss hinzugeben, zahllose Zöpfchen geflochten zu bekommen oder sich mit Schleifen und Perlen, Parfum und Puder verwöhnen zu lassen.

Das Interesse der Männer an rein genitalem Sex, mit dem Hauptaugenmerk auf Penetration, ist vielleicht das traurige

Resultat ihrer sinnlichen Entbehrungen in einer patriarchalen Umgebung. Und dieser kulturell erzwungene ausschließliche Fokus auf genitaler Sexualität mag ein Weg sein, Frauen ebenfalls Entbehrungen aufzuzwingen. Sobald eine Frau einmal »erobert«, »entjungfert« und in Besitz genommen ist, beraubt die in unserer Kultur vorherrschende stereotype Auffassung sie ihrer sinnlichen Kompetenz und beschneidet ihre natürliche Fähigkeit für ganzkörperlichen Lustgenuss. Statt diesem männlich geprägten Modell der sogenannten reifen Sexualität zu folgen, beschließen wir vielleicht lieber, unsere kindliche Sinneslust nicht zu überwinden, sondern sie im Gegenteil sogar zu kultivieren.

Genau dafür entschieden sich Sybil und Mariushka, als sie beschlossen, polymorph-pervers zu sein. Sie lernten wieder zu spielen – »Körperspielen« nannten sie es. Sie begannen um bevorzugte Genüsse zu feilschen, wie Kinder es tun würden: Ich gebe dir dies, wenn du mir dafür das gibst. Plötzlich führten die Gespräche darüber, wie diese Genüsse vermittelt werden sollten, dazu, dass Lust und Vergnügen neu definiert wurden.

Und dennoch gab es eine Phase, in der Mariushka diese Sinnlichkeit langweilig fand und Sybil sich darüber beschwerte, dass diese Art von halb unschuldigem Körperspiel den polyamourösen Sexphantasien zuwiderlief, die zu kultivieren sie gelernt hatte, um mit Mariushkas Programm mithalten zu können. Als sie einsah, dass gegen Phantasien jedweder Art nicht das geringste einzuwenden war, solange sie sich nicht zwang, sie in die Tat umzusetzen, schienen sie ihr gleich weniger problematisch. Unser Reden über Phantasien weckte lebhaftes Interesse bei Mariushka, und die beiden ergänzten ihre Sandkastenspiele um die Variante »Erzähl mir deine schmutzigste Phantasie«. Auf diese Weise überwand Mariushka ihre anfängliche Langeweile. Dann wandelte sich dieses Spiel zu »Erzähl mir deine romantischste Phantasie«, und die Phantasien dieser neuen Spielart wiesen – in Sybils Worten – »schrecklich kitschige Handlungsverläufe« auf. Zunehmend zarte, zärtliche, sinnliche Empfindungen tauchten im Sandkasten auf. Die Körperspiele mischten sich jetzt mit einer natürlich fließenden verbalen Kommunikation, und es gab Andeutungen – und bald schon mehr als nur Andeutungen – von Lachen und Kichern, Rülpsen und Furzen und sonstigen verbotenen »Regressionen«.

Mariushka und Sybil erzählten von überraschenden Entdeckungen im Hinblick auf ihre eigenen Vorlieben und Abneigungen sowie die der anderen. In ihrem Sandkasten war ihnen erlaubt, kindisch zu sein, das heißt, sie durften selbstsüchtig und gierig sein und sich wahrheitsgemäß sagen, was sie gern hatten oder nicht mochten.

Die beiden überraschten mich oft mit ihrer Entschiedenheit, die Beziehungsarbeit in der Gegenwart zu halten. Die Vergangenheit, die Erfahrungen ihrer jeweiligen Kindheit und Jugend, ihre Eltern und ihr familiärer Hintergrund spielten nach ihrer Auffassung keine Rolle. Die tieferen Gründe, warum sie in ihr Dilemma geraten und deshalb im Sandkasten gelandet waren, interessierten sie nicht. Für sie zählte einzig, ihr Problem im Hier und Heute zu lösen – und sie waren durchweg zuversichtlich, dass ihnen das gelingen würde.

Nicht jede Frau ist geneigt, sich analytischer Einsichten zu bedienen, um mittels der Vergangenheit zu einem Verständnis der Gegenwart zu gelangen. Manche Frauen, wie Sybil und Mariushka, können Probleme lösen, indem sie einen unerschütterlichen Enthusiasmus für den gegenwärtigen Augenblick aufbringen. Sie lernen, um das, was sie möchten, zu bitten, ohne ihrer Partnerin Schuld zuzuweisen, sie zu beschämen oder ihre Verletzlichkeit ängstlich zu schützen. Sybil und Mariushka waren aufgrund der anhaltenden Faszination, die sie füreinander empfanden, von ihrem Erfolg überzeugt. Mit unvermindertem Elan suchten und fanden sie ein neues, komplexeres Körperbewusstsein und zugleich eine Sprache – ihre persönliche »Kindersprache« – für ihre neuen Entdeckungen. Ich hatte ihnen anfangs versprochen, dass sie dem Sandkasten entwachsen sein würden, sobald sie fähig wären, sich nachts abwechselnd in den Schlaf zu streicheln.

Als ich sie einige Zeit später an dieses Ziel erinnere, lacht Mariushka. »Wir haben beschlossen, wir wollen dem Sandkasten nicht entwachsen«, verkündet sie. »Schatz, erzähl ihr, was wir statt dessen machen wollen.«

Sybil räuspert sich. »Wir wollen wieder Sex miteinander haben, aber im Sandkasten, verstehst du? Wir wollen uns einfach so lieben, als wären wir Kinder, die spielen. Wir wollen eine Zeremonie abhalten, eine Liebes-Sex-Zeremonie, um zu feiern, was wir gelernt haben ...«

»Und dann im Sandkasten heiraten!« Mariushka schlägt sich auf die Schenkel. »Kleiner Scherz – heiraten wäre nun wirklich der Todesstoß für unser Sexleben.«

Ich fange einen Blick von Sybil auf, der zu besagen scheint, dass manche Dinge sich nie ändern.

»Sag mal«, frage ich Mariushka, »wodurch hat sich das Blatt in deinen Augen eigentlich gewendet? Gab es einen bestimmten Augenblick, ein bestimmtes Ereignis, an das du dich erinnerst, das dazu geführt hat, dass dir die Idee vom Lernort Liebe schließlich nicht mehr völlig absurd erschien?«

Mariushka schürzt die Lippen und denkt nach. Dann erscheint ein schelmisches Grinsen auf ihrem Gesicht.

»Erinnerst du dich daran, wie ich im Sandkasten geschrien und getobt habe?« fragt sie an Sybil gewandt. »Weil ich einen Quickie wollte, egal was, egal wie?« Sie wendet sich wieder mir zu. »Ich wollte es so dringend, ich war so darauf fixiert, dass ich dich verflucht habe, jawohl!« Sie zuckt entschuldigend die Achseln. »Und dann hat Sybil eines Tages zu mir gesagt: ›Du willst doch gar keinen Orgasmus! Das stimmt doch gar nicht! Was du willst, was du dir wirklich wünschst, ist, einen Orgasmus *gehabt* zu haben, es *hinter dir* zu haben. Mit Lust hat das nichts zu tun, auch nichts mit mir oder uns‹, hat sie zu mir gesagt, ›es geht dir einzig darum, davor davonzulaufen, und zwar so schnell du kannst.‹ Vor meinem Orgasmus davonlaufen ... Es ist komisch, aber sie hatte recht. Plötzlich war es mir klar. All die ausgefeilten Spielchen, die ich erfunden hatte, mit Kostümen und all dem Zeug, haben mir erlaubt, mir super sexuell vorzukommen, aber in Wirklichkeit konnte ich es nicht aushalten ...«

»Jetzt hast du es ausgesprochen«, sagt Sybil und sieht erfreut aus.

»Du konntest was nicht aushalten?« ermuntere ich sie fortzufahren.

»Meine eigenen Lustgefühle, denke ich.«

»In der Erfahrung des Augenblicks zu bleiben«, fügt Sybil hinzu. »Wenn ich sie zum Beispiel ganz zärtlich gestreichelt habe, rief sie irgendwann, ich halte das nicht aus, es ist zu intensiv, ich halte es nicht aus! Und dann wollte sie etwas Schnelles, Heftiges, um es zu beenden und hinter sich zu haben.«

Mariushka nickt. »Aber dann hat Sybil mir ins Ohr geflüstert:

›Doch, du hältst es aus – ich kenne dich, ich weiß, dass du gar nicht genug davon kriegen kannst!‹ Und das hat es gebracht. Es stimmte. Plötzlich habe ich mich ergeben, bin fast zusammengeklappt und hab nicht länger dagegen angekämpft oder versucht, die Kontrolle zu behalten. Und dann fing ich an zu genießen, was sie tat, ohne noch irgend etwas zu wollen, ich war einfach da und gab mich hin ...«, sie lacht, »und starb ... vor Lust!«

Plötzlich hat sie den Ausdruck eines ernsten, verletzlichen Kindes.

»Es gibt etwas, das ich noch nie erzählt habe«, sagt sie. »Als ich begriff, dass ich vor meinen Lustgefühlen davonlief, habe ich mich anfangs dermaßen geschämt und war völlig verzweifelt, und Sybil hat mich in den Armen gehalten. Sie hat mich einfach gehalten und mich weinen lassen. Ich habe ganz schön viel geweint. Und die Art, wie sie mich gehalten hat, so ohne jeden Anspruch, war irgendwie ... ungeheuer. Ich glaube, da habe ich Liebe empfunden ... wie etwas Höheres oder so. Normalerweise hab ich für diesen spirituellen Kram nicht viel übrig, aber irgendwie gab es da eine neue Dimension ... ich weiß auch nicht.«

Sie hält inne und wirft ihrer Geliebten einen hilflosen Blick zu. Sybil ergreift ihre Hand, und dann sehen sie sich an und seufzen.

»Gott, wie romantisch!« Mariushka hält es trotz allem nicht lange aus. »Schon allein die Vorstellung, wir beide könnten so etwas wie Romantik miteinander haben ...«

»Sprich es nur aus, Baby!« Sybil grinst wie ein Honigkuchenpferd. »In Wirklichkeit stehst du doch total darauf. Du kannst gar nicht genug davon kriegen, stimmt's?«

Zu meinem Erstaunen errötet Mariushka. Sie zuckt die Achseln, grinst, schweigt. Ich glaube, in diesem Moment ist uns allen klar, dass wir keine weiteren Worte darüber zu verlieren brauchen, was die beiden erreicht haben.

Während der Abschlussphase unserer gemeinsamen Arbeit besprachen Sybil und Mariushka ausführlich diese neue und neuartige intime Leidenschaft, die sie beide an dem in ihren Augen unwahrscheinlichsten Ort entdeckt hatten: ihrem Sandkasten. Liebe als Lernort. Sie fanden es anfangs schwer, daran zu glauben, aber wir haben wiederholt festgestellt, dass das auch gar nicht nötig war, weil sie es *erlebten*, Tag für Tag.

Intime Leidenschaft

Hier können wir die Geschichten unserer beiden Paare miteinander verknüpfen und einige Schlussfolgerungen darüber ziehen, welche Rolle die Wahrheit im Aufdecken und Wiederentdecken, Entfachen und Schüren der Leidenschaft in längeren Liebesbeziehungen spielt. Wenn zwei Menschen der Wahrheit nachspüren und sich zärtlich und einfühlsam die Wahrheit über ihren Körper, ihr Herz und ihren Verstand sagen, dann können Rollenbegrenzungen überwunden werden, wie Lou und Annie herausfanden, und die Liebe kann erneut ihren leidenschaftlichen Ausdruck finden. Für Sybil und Mariushka ist Leidenschaft nicht länger vorgegaukelte Ekstase, die mit der Wiederholung zwangsläufig schal wird, sondern eine stete Energie, genährt durch sorgsame, liebevolle Aufmerksamkeit für das, was Augenblick für Augenblick wahr ist.

Wie ist diese Leidenschaft, die vom Aphrodisiakum der Wahrheit genährt wird, nun beschaffen? Und wie unterscheidet sie sich von der Leidenschaft, die wir in unserer Kultur gewöhnt sind?

Leidenschaft, wie unsere Kultur sie versteht, ist die überwältigende Macht, die zu ersehnen wir gelehrt worden sind. Diese unwiderstehliche Macht lässt uns von einem Augenblick zum nächsten den Verstand verlieren und ändert alles, was uns vertraut ist, oftmals bis zu dem Punkt, an dem wir uns selbst nicht mehr wiedererkennen. Sie bringt uns dazu, unserem guten alten Leben mitsamt Partnerin adieu zu sagen und verzehrt uns mit einem Feuer, das verspricht, uns zu läutern und zu wandeln und zu einem höchst intensiven, zutiefst erfüllenden Leben wiederzuerwecken. Biochemisch gesprochen, können wir Leidenschaft mit einer äußerst wirksamen natürlichen Droge vergleichen, die unsere übliche geistige und körperliche Verfassung umkrempelt und auf den Kopf stellt. Die Qual und die Ekstase, die unter dem Einfluss dieser »Droge« Besitz von uns ergreifen, sind natürlich unser bestes Aphrodisiakum – der Stoff, aus dem unsere romantischen Träume sind. Wie schafft sie das, diese unwiderstehliche Macht, diese süße Gewalt?

Wenn wir uns ihre Zutaten näher ansehen, stoßen wir auf ein zwangsläufig unpersönliches Element. Leidenschaft dieser Art beruht stets auf Distanz, auf der Begegnung von Fremden, auf verbotenen und geheimen Sehnsüchten, auf Phantasien, Rollen, Verkleidungen, Rendezvous an exotischen Orten, dem Risiko des Unbekannten ... Diese archetypische Leidenschaft verlangt Hindernisse, die zu überwinden, und Widerstände, die zu brechen sind. Ohne Hindernisse, ohne Widerstand keine wahre Leidenschaft! Wenn die Zutaten stimmen, vermag diese feurige Leidenschaft kulturell bedingte Hemmungen, Tabus und körperliche Aversionen zu überwinden. Die von ihr entfachte Erregung kann unsere sämtlichen Abwehrmechanismen außer Kraft setzen und uns im wahrsten Sinne des Wortes im Sturm nehmen.

Wenn wir mit unserer leidenschaftlichen Geliebten jedoch intim werden, wenn wir die Fremde kennenlernen, wenn es keine Distanz mehr zwischen uns gibt, wenn das Geheimnisvolle und Exotische dem Vertrauten Platz gemacht haben, tauchen all unsere alten Hemmungen gewöhnlich wieder auf. Das ist die Erfahrung, die wir nach den legendären Flitterwochen machen: die schrittweise Rückkehr in unser übliches Leben, zu unserem normalen Ich, zu unseren alten Gewohnheiten und unseren alten Ängsten, die darum kreisen, dass wir genau so sind, wie wir immer schon waren. Wenn wir einander mitsamt unserer belasteten sexuellen Geschichte kennenlernen, erstickt an unserer zunehmenden Nähe die große feurige Leidenschaft.

Die weniger gut bekannte Leidenschaft, die ich dagegen als »intime Leidenschaft« bezeichnen möchte, funktioniert genau andersherum: Sie entsteht aus der Intensivierung des Persönlichen. Die einzigen Zutaten, die diese intime Leidenschaft benötigt, sind gegenseitige Anziehung sowie Neugier, wer wir in unseren offenkundigsten wie privatesten, geheimsten Facetten unseres Selbst wirklich sind. Intime Leidenschaft ist ein Prozess, bei dem das individuelle Paar gemeinsam daran arbeitet, die Hemmnisse im Lauf der Zeit geduldig Schritt für Schritt zu überwinden. Körper brauchen ihre Zeit, um ihre Geheimnisse, Sehnsüchte, Ängste und Gelüste zu enthüllen. Und genau das meine ich mit Intimität: die behutsame, einfühlsame Suche nacheinander mit ihren subtilen Entdeckungen und Enthüllungen. Intime Leidenschaft nährt sich an dem gemeinsamen Genuss, gegenseitig unsere erotische Körpertemperatur zu entziffern, das Alphabet unserer jeweiligen Wünsche und Sehnsüchte zu buchstabieren und von Augenblick zu Augenblick zu erspüren, wie wir Lust bereiten und Lust empfangen können. Mit diesen Zutaten erwachen wir zu einer völlig neuen Sexualität. Körper sind dankbare Geschöpfe: Behandeln wir sie gut, berühren wir sie gut, dann ist sinnliche Erfüllung wahrscheinlich unser Lohn.

Die wohlbekannte archetypische Leidenschaft bringt ihr sie verzehrendes Feuer und ihr unvermeidliches Erlöschen mit sich. Intime Leidenschaft ist eine fortschreitende Enthüllung unserer selbst in einem fortschreitenden Prozess, der andauern kann, bis wir sterben. Natürlich ist es möglich, von der archetypischen zur intimen Leidenschaft überzugehen – Liebe macht alles möglich. Wahrheit macht alles möglich. Für die beiden Paare, die ich hier vorgestellt habe, ist eine Version dieses Möglichen in Reichweite gerückt. Als wir diese Verheißung in einer unserer Sitzungen besprachen, sagte Annie versonnen: »Wäre es nicht toll zu wissen, dass du diese Wonne im Bett noch dreißig Jahre nach der Hochzeit mit derselben Partnerin erleben kannst ...?«

Das wäre es in der Tat. Stellen wir es uns einmal vor. Mit der nötigen Portion Wahrheit gäbe es immerwährendes Liebesglück. Mit der Wahrheit als Aphrodisiakum wäre unser Liebeslager nicht länger der Schauplatz stummer Misere, vorgetäuschter Orgasmen und anderer Lügen, um die Sache hinter uns zu bringen – der Schauplatz von heimlicher Rebellion und Verweigerung; von Selbstmissbrauch, um unseren Ekel zu überwinden, von mechanischen Wettrennen zum Orgasmus und langweiligen Wiederholungen hilfloser Ratespiele. Mit der Wahrheit als Aphrodisiakum würde unser Liebeslager nicht länger hundert Jahre Einsamkeit bedeuten.

Die Wahrheit
als Aphrodisiakum

Spring – und das Netz wird erscheinen.

Julia Cameron

S tellen wir uns das eine oder andere unserer beiden Paare vor – oder uns selbst und unsere Geliebte. Stellen wir uns vor, diese Geschichte sei mir erzählt worden. Zwei Frauen, nennen wir sie Jewelle und Li, brechen kurz vor Sonnenuntergang zu ihrem täglichen Abendspaziergang auf. Jewelle liebt das letzte Licht des Tages, Li genießt es, wie die sinkende Sonne den Himmel rot färbt. Die beiden Frauen mögen Rituale, und dieser Spaziergang ist für sie zu einem Ritual geworden. Er führt an einem kleinen Teich in einem Naturgebiet vorbei, eine steile Holztreppe hinauf, die im Frühling von wilden Iris gesäumt ist, die unter Eukalyptusbäumen wachsen. Am oberen Ende der Stufen windet sich ein noch schmalerer Pfad an einem Überhang entlang bis zu einem nahezu verborgen liegenden Wäldchen aus alten Kalifornischen Eichen. Die beiden Frauen haben ihren besonderen Baum in dem Wäldchen, eine alte Eiche mit einer niedrigen Astgabelung, auf die man sich leicht hinaufschwingen kann und die Platz genug bietet, um zu zweit hintereinander zu sitzen. Jewelle schlingt gern die Arme um den mächtigen Ast und erzählt Geschichten, wie sie als junges Mädchen im San Christobal Valley in New Mexico gelernt hat, ohne Sattel zu reiten. Li sitzt gern hinter ihrer Geliebten, den Rücken bequem an den Baumstamm gelehnt. Sie erinnert sich daran, wieviel Spaß es gemacht hat, mit ihrer älteren Schwester Ross und Reiter zu spielen – sie als die wagemutige Reiterin, die immer abgeworfen wurde und auf den Boden fiel.

»Was für ein Boden?« möchte Jewelle wissen.

»Warum fragst du?«

»Du hast mir diese Geschichte schon mal erzählt, aber du hast sie nicht richtig erzählt. Also, was für ein Boden? Und war es immer mit deiner älteren Schwester?«

»Hey, nicht zwei Fragen auf einmal. Entscheide dich für eine.«

»Der Boden war ... ein Daunenkissen, eine Bettdecke, ein Bettüberwurf?« Sie bewegt aufreizend die Schultern.

Li geht auf Abstand. »Hör auf, mit mir zu flirten. Kannst du nicht warten, bis wir zu Hause sind?«

»Du brauchst immer Aufschub. Wo ist die wagemutige Reiterin abgeblieben?«

»Die wagemutige Reiterin wird dich gleich von deinem hohen Ross werfen, wenn du dich nicht vorsiehst.« Li versetzt Jewelle einen spielerischen Stoß mit dem Knie.

Jewelle greift hinter sich und packt Lis Schenkel. »Wenn ich runterfalle, dann nehme ich dich mit.« Sie schaukelt seitwärts und tut, als ob sie sie beide hinunterkippen würde. »Runter! Runter! Fallen wir zusammen runter!«

»Hör auf zu schaukeln. Warum kannst du nicht stillsitzen?«

Jewelle beginnt zu schmettern: »*It's now or never, don't hesitate, tomorrow, darling, will be too late ...*«

»Schweig, Nervensäge! Du triffst sowieso nicht den richtigen Ton.«

»Und du bist schon den ganzen Abend missgestimmt.«

Li legt Jewelle die Hände auf die Schultern. »Lass uns damit aufhören, okay? Lass uns nicht streiten. Tun wir, was wir immer so gern tun.«

Was die beiden gewöhnlich so gern tun, ist, still dazusitzen und ihren Atem in Einklang zu bringen. Das ist ihre Art, sich für die Natur und für ihre gegenseitigen Gedanken zu öffnen. Sie bleiben oft dort, bis es nahezu dunkel geworden ist und die Frösche drüben am Teich ihr Abendkonzert anstimmen.

»Na schön, lass es uns versuchen«, sagt Jewelle, doch zehn Sekunden später kickt sie mit den Absätzen in die Luft, wirft die Arme über den Kopf und ruft: »*Yippeee ...!*«

»Was ist heute bloß mit dir los?« Li packt ihre Handgelenke und drückt sie auf ihre Schenkel herunter.

Jewelle beginnt gegen den Körper ihrer Geliebten vor und zurück zu schaukeln. »Reite mit mir, komm, reite mit mir. Oder erzähl mir von deiner sogenannten Schwester ...«

»Ich erzähle es dir, wenn du versprichst, brav zu sein.«

»Ich bin brav.« Jewelle rückt näher an Li heran. »Sehr, sehr, sehr brav.«

Li ist nachdenklich. Sie reibt ihre Wange am Gesicht der Geliebten. »Es stimmt, einmal ...«

»Einmal? Einmal? Was war einmal?«

»Pst! Hör zu. Du wolltest doch wissen, was für ein Boden das war, oder?«

»Ich höre zu.«

»Also, vor dem Bett meiner Schwester lag dieses Schaffell. Dann gab es das piksende Gras im Park um die Ecke. Und den Sand auf der Insel, wo wir im Sommer immer hingefahren sind – wo mein Onkel das Sommerhaus hatte und unsere ganze Familie umsonst Ferien machen konnte, was damals von großer Bedeutung war, weil ...«

»Ja, ja, ja. Die Geschichte kennen wir.«

»Du *glaubst,* dass du die Geschichte kennst.«

»Kenne ich sie nicht?«

»Niemand kennt diese Geschichte.«

»Nicht einmal deine Schwester?«

»Vergiss meine Schwester ...«

»Gut, also erzähl weiter ...«

Li zögert. »Mir ist eigentlich nicht danach, das jetzt zu erzählen. Lass uns einfach hier sitzen und still sein. Das funktioniert doch immer für uns.«

»Für dich vielleicht ...«

»Aber es tut dir gut, das weißt du doch. Es ist immer besser, wenn du zur Ruhe kommst, das hast du tausendmal gesagt ...«

»Du hast es tausendmal gesagt, und ich habe dir zugestimmt.«

»Stimmst du mir jetzt nicht mehr zu?«

»Erzählst du mir nun deine Geschichte oder nicht?«

»Ich hab gesagt, dass ich nicht in der Stimmung bin.«

»Bist du doch. Ich kenne dich – du zierst dich nur. Komm, ich muss diese Geschichte hören. Komm schon, Baby, erzähl sie mir.« Jewelle ergreift Lis Hand.

»Komm schon, Baby, komm schon, Baby ... Das kenne ich.«

»Dir hat jemand gut zureden müssen? Wie das? Du bist doch immer diejenige, die sagt: ›Halt den Mund, tu dies, tu das, mach das so, wie ich's dir sage.‹«

»Willst du behaupten ...« Li zieht ihre Hand zurück.

»Ja, du musst immer alles bestimmen. Du hast mich schon den ganzen Abend am Gängelband und versuchst mir Einhalt zu gebieten, und ich frage mich allmählich wirklich, warum das so ist.«

»Na komm. Wir sind hier in aller Öffentlichkeit und du krakeelst und kickst mit den Füßen und singst allen möglichen Unsinn ...«

»In aller Öffentlichkeit?« Jewelle schaut sich theatralisch um. »Du meinst, die Stinktiere und die Rehe und die Eulen belauschen uns?«

»Du weißt, was ich meine. Du weißt, was passieren würde, wenn ich dich nicht manchmal zurückhielte.«

»Ja, klar, wenn du mich nicht manchmal zurückhalten würdest, täte ich vielleicht etwas, das du so richtig genießen würdest, stimmt's?«

»Jetzt gehst du aber zu weit. Das gefällt mir nicht.«

»Nur zu. Bring mich unter deine Fuchtel. Mach mich gefügig, dann besteht keinerlei Gefahr mehr.« Jewelle schwingt plötzlich das Bein über den Ast, dreht sich zu Li um und mustert sie. »Du hast vor etwas Angst. Wenn du mir doch bloß erzählen würdest, wovor.«

Li sieht sie mit schmalen Augen an. »Und jetzt versuchst du im Gegenzug mich gefügig zu machen? Und mich zu zwingen?«

»Ja, ich möchte dich zwingen. Ja, wirklich, das möchte ich. Ich möchte dich zwingen.« Sie legt die Hände um Lis Gesicht. »Aber ich möchte dir keine angst machen.«

Li hat die Augen geschlossen. »Es wäre zu schön, um wahr zu sein.«

»Wenn ich dich zwingen würde, meinst du?«

»Ich hasse diese Art von Sprache.« Li wendet ihr Gesicht ab. »Du zwingst jemanden, etwas zu tun, und dann glaubst du, du hast ihn oder sie gewonnen? Aber du kannst mich nicht zwingen, weil ...«

»Ist es das, was passiert ist?« Jewelle ist plötzlich ganz ruhig. Li sieht überrascht aus. »Vielleicht ...«

»Und mit deiner Schwester hatte es nichts zu tun?«

Li sieht ihrer Geliebten prüfend in die Augen. »Es waren immer eine ganze Menge Kinder dabei. Wir haben alles mögliche gespielt in den Dünen und am Strand.«

»Ja, und? Und?« Jewelle bringt ihr Gesicht ein wenig näher und rüttelt Li leicht an den Schultern.

»Möchtest du das wirklich hören?«

»Ja, mein Herz. Mein Liebes. Das möchte ich wirklich.«

Li holt tief Luft. »An jenem Tag hätte meine Schwester auf mich aufpassen sollen. Aber sie ist mit einigen älteren Kindern auf und davon gelaufen. Sie hat mich mit einem anderen kleinen Mädchen zurückgelassen, einer herrischen kleinen Göre, die im Haus nebenan wohnte. Katie. Die mir bereits beigebracht hatte, in der Nase zu bohren.«

»Du? In der Nase bohren?«

»Tja, es war mir vorher nie in den Sinn gekommen.«

»Ach, Herzchen ...«

»Ja, so war es eben. Egal, jedenfalls hat sich meine Schwester mit den anderen aus dem Staub gemacht und uns befohlen, in dieser Senke in den Dünen zu bleiben. Katie hat dann gesagt: ›Komm, wir begraben dich.‹ Ich fand es toll, begraben zu werden. Ich erinnere mich, dass es ziemlich lange zu dauern schien. Katie häufte und träufelte den heißen Sand auf meine Beine, erst über meine Füße, dann über meine Knie, dann rings um mich herum, bis ich völlig zugedeckt war. Ich glaube, ich habe mich dem einfach so überlassen und mich zurückgelegt und die Augen geschlossen. Es fühlte sich so gut an, wie der Sand an mir herunterrieselte und mich kitzelte. Dann schrie Katie plötzlich auf: ›Du bist weg! Wo bist du, wo bist du? Du bist weg!‹ Ich machte die Augen auf. Sie sagte: ›Mal sehen, ob ich dich finde!‹ und grub nach meinem Bauch. Ich wollte sagen: ›Hier bin ich doch!‹, aber Katie sagte: ›Wo bist du? Ich muss versuchen, dich zu finden.‹ Ich war wie gebannt. Sie grub ihre Hände in den Sand und berührte meine Beine. ›Du bist nicht da‹, wiederholte sie, zog ihre Hände aus dem Sand und wühlte sie wieder hinein, diesmal näher an meinem Badeanzug … du weißt schon, wo. Die Sache war nur, dass ich nicht wusste, wo das war oder was das war …«

»Du wusstest nicht, wo das war?«

»Ja, verdammt noch mal. Ich war erst fünf, und meine Mutter ließ mich keine Sekunde aus den Augen. Ich meine, wenn man dir nicht mal erlaubt, in der Nase zu bohren … Wenn du noch nicht mal herausgefunden hast, dass du in der Nase bohren kannst … Und deine ältere Schwester es auch nicht weiß …«

»Wow. Mit fünf Jahren. Ich wusste es schon. Ich hab's beim Reiten herausgefunden …«

»Wie das? Ich bin auf meiner Schwester geritten und hab rein gar nichts herausgefunden.«

»Tja, so ist das wohl, wenn man in der Kleinstadt aufwächst. Auf dem Land hingegen …«

»Und was hast du herausgefunden? Ich meine, wie hast du es beim Reiten herausgekriegt? Hat es dir jemand gezeigt?«

»Machst du Witze? Mir gezeigt? Herzchen, bist du je ohne Sattel geritten? Wenn das Pferd losgaloppiert und du oben bleiben willst, musst du die Beine zusammenpressen, weißt du. Es kommt alles zusammen, der Rhythmus und das Reiten, das Rückgrat des Pferdes und dieses Pressen. Verstehst du?«

»Ein Pferd scheint ein besserer Lehrmeister zu sein als eine Schwester.«

»Schon möglich. Aber um mich geht es hier ja nicht. Irgendwie hast du es jedenfalls herausbekommen. Was genau hast du herausbekommen?«

»Ich weiß nur, dass Katies Hand da unten war. Ich weiß nicht genau, was sie gemacht hat. Und da unten war nicht einfach bloß da unten, so wie ich es bis dahin gekannt hatte. Meine Mutter war ziemlich grob, wenn sie mich da gewaschen hat. Aber mit Katie war das unbeschreiblich – es hatte eine Süße, die mich völlig in Verzückung versetzte. Ich wollte, dass es nie aufhört. Ich sah nichts, ich hörte nichts, ich sagte nichts – ich war einfach völlig weg. Eine Ewigkeit lang. Bis plötzlich ein lauter Schrei erklang. Die Stimme meiner Schwester. Ich glaube, es war die Stimme meiner Schwester, die mich wieder zu mir brachte. Es war schrecklich, absolut schrecklich – da standen sie alle, die ganzen älteren Kinder, und zeigten mit dem Finger auf uns, und Katie fand das irrsinnig komisch. Sie sprang auf und gesellte sich zu den anderen und lachte sich kaputt, während ich da im Sand saß, noch immer leicht weggetreten, und ... oh!«

»Meine Güte, das ist ja schrecklich! Lieber Himmel, wie gemein! Hatten sie das geplant?«

»Natürlich nicht. Ich weiß nicht. Ich glaube nicht. Ich meine, hätten sie das wirklich vorausplanen können? Mit Katie? Meine Schwester sicher nicht. Niemals. Sie wusste noch weniger Bescheid als ich ...«

»Ach, Liebes, selbst wenn sie es nicht geplant hatten, möchte ich ihnen heute noch den Hals umdrehen.«

»Aber das war noch nicht das Schlimmste. Eines der Kinder, ein richtig fieser Junge, rief mir noch etwas zu, während sie sich allesamt aus dem Staub machten und Katie mit ihnen. ›Das erzählen wir deinen Eltern, das erzählen wir überall herum!‹ Ich hatte entsetzliche Angst. Ich hatte nicht die geringste Ahnung, was ich eigentlich getan hatte. Aber irgendwie wusste ich, dass es etwas so Schlimmes war, dass ich am liebsten gestorben wäre. Doch es hatte mir Spaß gemacht. Das war das Schlimmste überhaupt. Auch deswegen wäre ich am liebsten tot gewesen. Weil ich es immer noch spürte. Diese Süße.«

»O ja, diese Süße. Dem Himmel sei Dank, dass dir das Gefühl nie vergangen ist.«

»Aber das ist es doch – ganz plötzlich ist es mir vergangen. Ich habe das Gefühl nie mehr gehabt. Nicht so richtig jedenfalls. Zumindest nicht, bis ich zu Hause ausgezogen und aufs College gegangen bin.«

Jewelle schlingt die Arme um ihre Geliebte. »Ach, mein Liebling, diese verdammten Blagen. Ich fasse es nicht.« Sie streicht Li das Haar aus dem Gesicht und mustert sie. »Somit wurde es also im Sand begraben. Für viele Jahre. Das kann ich mir nur schwer vorstellen. Denn ich habe es mir all die Jahre erhalten, indem ich geritten bin.«

»Aber das war ja auch etwas, das du allein gemacht hast. Es bezog ja keine anderen Menschen ein.«

»Später schon ...«

»Den Teil hast du mir noch nie erzählt.«

»Klar hab ich das. Ich habe dir erzählt, dass ich schon im Alter von elf Jahren damit angefangen habe.«

»Stimmt, das hast du mir erzählt. Ich denke nicht gern daran, weil ich dich manchmal darum beneide. Ich habe das köstliche Gefühl von damals nie wirklich wiedergefunden. Nicht hundertprozentig jedenfalls. Das ist mir heute klar. Ich bin nie zu jenem Augenblick als Kind zurückgekehrt.«

»Nicht einmal mit mir? Echt nicht? Willst du das sagen?«

»Vielleicht für kurze Momente. Augenblicke.«

»Augenblicke, in denen du wie das kleine fünfjährige Mädchen empfunden hast?«

»Mir ist die Verbindung noch nie bewusst geworden. Es ist so offenkundig, aber irgendwie ist mir das nie aufgefallen. Es gibt diese seltsamen Augenblicke, in denen ich mir wünsche, die Zeit stünde still, um mich dieser Süße zu überlassen und völlig ... du weißt schon.«

»Unter dem Sand?«

»Ja, wie damals ...«

»Passiv?«

Li birgt ihr Gesicht an Jewelles Schulter. »Ein spätes Geständnis«, sagt sie leise.

Es ist dunkel geworden, und keine der beiden hat es bemerkt. Gewöhnlich sind sie um diese Zeit bereits auf dem Heimweg, doch heute abend nicht. Jewelle streichelt Lis Kopf und Nacken. Streichelt ihre Schultern. Ihren Rücken. »Diese Augenblicke«, sagt sie ihrer Geliebten ins Ohr, »was soll ich tun, wenn sie da sind? Sag es mir. Komm, sag es mir.«

»Du ... Ich weiß nicht, wie ich es sagen soll. Du tust etwas, aber du tust fast nichts.«

»Du meinst, meine Hand ...«

»Deine Hand ist da unten.«

»Ich bewege sie ein bisschen?«

»Nur ein klein bisschen.«

»Als ob ich versuchen würde, dich zu finden?«

»Als ob du mich ...«

»Als ob ich dich entdecken würde?«

»Als ob du mich entdecken würdest.«

»So?«

»So.«

»Du meinst, wie Katie?«

»Wie Katie. Ja, ja, genau so, wie Katie ...«

Wahre Geständnisse

Widme dich der Liebe und dem Kochen
mit rückhaltloser Hingabe.

Seine Heiligkeit, der 14. Dalai Lama

Das Sahnehäubchen

B ei unserer ersten Begegnung erfahre ich, dass Selena eine Amerikanerin mexikanischer Herkunft von Mitte Vierzig ist und Petra eine vierzigjährige Frau aus dem Mittleren Westen von »solider deutscher Herkunft«. Meinem ersten Eindruck nach haben die beiden in der Tat etwas Solides. Beide sind große, kräftige, schöne Frauen, die ruhige, freundliche Gelassenheit ausstrahlen. Selena hat lange dunkle Locken, Petra fällt eine glatte blonde Mähne über die Schultern. Sie wählen das Sofa, um sich zu setzen, halten Händchen und schenken mir beide ein langes, erwartungsvolles Lächeln.

»Was führt euch zu mir?« frage ich.

Sie sehen sich an und blicken dann wieder zu mir. »Wir wissen nicht so recht, warum wir gekommen sind«, antwortet Selena schließlich. »Wir sollten eigentlich gar nicht hier sein, aber ...«

»Selena ist der Meinung, dass wir ein Problem haben«, sagt Petra.

»Kein schwerwiegendes Problem«, versichert Selena. »Vielmehr hat Petra eine Frage.«

»Eigentlich nicht«, meint Petra. »Selena glaubt bloß, dass ich nicht glücklich bin.«

»Hast du eine Idee, warum Selena das glaubt?« frage ich.

»Selena ist der Ansicht, ich sollte ...« Sie drückt Selenas Hand, um sie zum Sprechen zu bewegen.

»Stimmt nicht!« platzt Selena heraus. Die beiden brechen in Lachen aus.

»Das ist das Problem«, erklärt Selena. »In gewisser Weise sind wir zu glücklich. Wir sind nicht normal.«

Petra lehnt sich zurück und seufzt.

Ich frage nach, was nicht normal daran sein soll, wenn man glücklich ist.

Petra streicht Selena eine Locke aus dem Gesicht. »Als ich Selena auf der Benefizveranstaltung für Flüchtlinge aus El Salvador begegnet bin, war ich sofort hingerissen von ihr. Von ihrer Energie. Sie ist eine großartige Rednerin. Wir haben sehr ähnliche Ansichten über Sozialpolitik, und wir haben festgestellt, dass wir mit unseren gegenseitigen Ideen und Idealen viel anfangen können. Und dann haben wir zusammen getanzt, und das war das Tüpfelchen auf dem I. Es lag eine solche Übereinstimmung in unserem Tanzen, unserem Rhythmus, unserer Energie ...«

»... und Sinnlichkeit ...« Selena nickt mit einem strahlenden Lächeln. »Ja, Liebe auf den ersten Blick – auf den ersten Tanz!«

»Selena ist dann nach Oakland gezogen und kümmert sich um das Fundraising für einige Frauenprojekte, bei denen ich auch mitmache. Wir sind ein großartiges Arbeitsteam und inspirieren uns ständig gegenseitig. Vor gut zwei Jahren sind wir mit einem weiteren Paar zusammengezogen, als Wohnkollektiv. Jetzt sind wir also ein Paar und Teil eines Kollektivs und Teil einer Gruppe von Frauen, die Bewegung in die Dinge bringen. Es ist wunderbar. Genau davon haben wir beide immer geträumt.« Sie strahlen sich an.

»Das klingt in der Tat, als seid ihr sehr glücklich«, bemerke ich. »Inwiefern seid ihr nun *zu* glücklich? Was ist nicht normal?«

Wieder antwortet Petra. »Es betrifft unser Privatleben. Wir verbringen viel Zeit miteinander. Zu Hause, wann immer möglich. Auf der Couch, in der Badewanne, auf dem Sofa ... Unsere Mitbewohnerinnen finden das klasse. Sie meinen, die Welt wäre ein besserer Ort, wenn sich alle auf diese Weise lieben würden. Wir sind auch dieser Ansicht, nicht?« Sie wendet sich an Selena. »Aber neulich kam unsere Freundin Lakeisha mit einer Umfrage zum Thema Sex vorbei, und sie hat uns zu unserem Sexleben befragt, wie oft wir es tun und so ...«

»Sie hat uns gefragt, wie oft wir kommen, wenn wir uns lieben.« Selena klingt verlegen. »Das hat uns aus der Bahn geworfen.«

Langes Schweigen.

»Wir kommen nicht. Wir sind immer da, aber wir kommen nicht«, fährt Selena fort. »Das ist doch nicht normal, oder?« fragt sie mich.

Bevor ich antworten kann, schüttelt Petra den Kopf. »Ich hab was gegen ›nicht normal‹«, sagt sie und hebt zum ersten Mal die Stimme. »Meine Volleyball-Trainerin hat immer gesagt, normal sind sechsunddreißig Grad Celsius – das ist, was normal ist.«

»Ich verstehe es nicht. Erklärt es mir bitte«, erwidere ich.

Petra beschreibt mit großem Eifer ein Liebesleben, das aus Kuscheln und Zärtlichkeiten besteht, aus langen Schmuse-phasen, aus Küssen, Herumtollen, Kichern, Reden, lange Blicke tauschen. Selena begleitet die Beschreibung mit wohlwollen-dem Lächeln und Nicken. Vor meinem inneren Auge entsteht das Bild einer Sinnlichkeit, die beide gleichermaßen miteinan-der teilen und als höchst befriedigend empfinden. Petra fasst es zusammen: »Ist es nicht das, wovon alle träumen? Wir schla-fen ineinander verschlungen ein. Sogar beim Nickerchen.«

»Selbst Yoga machen wir so«, witzelt Selena. »Aber wir ha-ben nie Sex.«

»Stimmt nicht.« Petra errötet, und ihre Stimme klettert eini-ge Nuancen höher. »Das ist der alte patriarchale Mist. Wir sind so sexy und sinnlich bei allem, was wir tun – warum zählt das nicht als Sex?«

»Wer zählt?« frage ich.

»Genau«, nickt Petra. »Selena zählt.«

»Ich zähle nicht«, widerspricht Selena. »Es gibt nichts zu zählen.«

»Nichts?!« Petra klingt wirklich verletzt.

»Erzähl mehr«, bitte ich Selena.

»Als Lakeisha mit ihrer Umfrage ankam, war mir das derma-ßen peinlich. Ich fand das plötzlich alles gar nicht mehr so toll. Ich meine, keine Orgasmen, kein Sex – was ist das, was wir machen, denn nun?« Selena blickt Petra an, die aussieht, als sei sie den Tränen nahe.

»Warum muss es unbedingt immer weitergehen?« sagt Petra nachdenklich. »Warum genügt es nicht, in den Armen der ande-ren zu liegen und überall gestreichelt und geküsst zu werden ...?«

»Überall?« frage ich.

Selena scheint verunsichert, aber Petra wiederholt hartnäckig: »Überall. Selbst da unten. Es wird nichts ausgelassen. Nichts.«

»Außer dem Orgasmus.« Selena zuckt die Schultern.

Am Ende unserer ersten Sitzung bin ich perplex. Mein erster Gedanke gilt der Frage, ob sexueller Missbrauch eine Rolle spielen könnte. Gibt es körperliche oder emotionale Traumata? Erzählen die beiden Frauen mir die Wahrheit? In den folgenden Sitzungen bestätigt sich, dass es in der Tat keinen offenkundigen Grund gibt, warum die Intimität zwischen den beiden begrenzt sein sollte. Als ich mir ihre jeweilige sexuelle Vorgeschichte erzählen lasse, erfahre ich, dass Selena orgasmische Beziehungen gehabt hat und sich gelegentlich selbst zum Orgasmus bringt, Petra hingegen nie.

Petra hat sich als Teenager zwar mit Jungen getroffen, ist mit ihnen aber über Petting nie hinausgegangen. Mit siebzehn stellte sie fest, an Jungen nicht weiter interessiert zu sein. Mädchen gefielen ihr eindeutig besser. Kurz darauf entdeckte sie den Feminismus und gelangte zu der festen politischen Überzeugung, dass die Abwesenheit von sexueller Erregung und Orgasmen ein wünschenswertes Korrektiv für die vorherrschende männlich dominierte Einstellung zur Sexualität sei. Sie sei nicht abstinent gewesen, erzählt sie mir; sie habe schlicht genug gehabt von der »Fick-Besessenheit, die uns Tag und Nacht von allen Seiten belagert«. Sie war stolz darauf, eine »Vollblut-Politlesbe« zu sein, was in ihren Augen viel mehr bedeutete, als »nur dem Diktat dessen zu folgen, was Männer als Natur bezeichnen«.

»Ich bin so sauer geworden, als ich Lakeishas Umfrage sah«,

sagt sie. »Nicht dass sie irgend etwas Neues enthalten hätte. Es ist immer dasselbe. ›Wie oft haben Sie Sex?‹ Soll heißen: Männersex! Penetration! Nichts anderes zählt. Männer können das jeden Tag haben, mehrmals täglich. Frauen? Niemand fragt uns im Grunde. Frauen sagen bei solchen Umfragen nicht die Wahrheit. Aber sobald sie mit ihren Freundinnen unter sich sind, erfährt man, was Sache ist. Frauen können gut ohne auskommen. Männer kriegen einen hoch, wälzen sich rauf, kommen, wälzen sich runter. Und bei den Umfragen schlägt ihre große Stunde. Männer haben so viel Sex! Aber Frauen – all die Frauen, mit denen ich gesprochen habe, wollen das, was wir haben, Selena und ich. Sie hungern nach Zärtlichkeit, nach Streicheleinheiten. Sobald du mit einer Frau allein bist und ein Glas Wein trinkst, erfährst du die wahre Geschichte. Alles, was sie kriegen, ist rein, raus, danke, das war's. Das versteht man unter Sex. Damit will ich nichts zu tun haben. Scheiß auf diese Gesellschaft. Wir brauchen eine neue sexuelle Revolution, wenn du mich fragst. Selena und ich haben bereits den Anfang gemacht.«

Während Petras sexualpolitischer Ansprache wandelt sich Selenas Gesichtsausdruck: von stolz zu zweifelnd.

Als ich sie nach ihrer Ansicht zu diesem Thema frage, antwortet sie, dass sie im großen und ganzen mit Petra übereinstimmt. Sie beschreibt, dass sie aus einer Familie von starken Yucatan-Frauen stammt, für die gutes Essen, Körperkontakt, Sinnlichkeit, Schönheit und hitzige Familiendiskussionen – Wortführerinnen sind die Frauen – an der Tagesordnung sind.

»Als ich Petra zu meiner Familie mitgenommen habe, hat sie auf Anhieb dazugepasst und schien alles, was ablief, zu verstehen wie eine weitere Schwester, obwohl sie anfangs kein

Spanisch sprach. Wie kann ich mich also darüber beklagen, dass diesem Glück ein winzigkleines Detail fehlt? Wenn es mir so wichtig ist, kann ich es mir selbst machen. Obwohl ich weiß, dass Petra diesem patriarchalen Lustzwang kritisch gegenübersteht ...«

»... dieser verdammten Zurichtung durch die westliche Kultur«, fällt Petra laut ein. »Auf den Höhepunkt zusteuern, statt zu genießen. Warum sollte man dem Vergnügen ein Ende bereiten? Bloß weil Männer nur begrenzt können ...«

»Aber muss es da denn unbedingt zu Ende sein?« Selena blickt mich um Unterstützung heischend an. »Ich bin mir da nicht mehr so sicher. Es ist trotz allem Bestandteil meiner Kultur ...«

»Was?« fragt Petra.

»Heiß werden, anheizen, scharf machen, du weißt schon ...«

»Sag nicht, dass es das bei uns nicht gibt ...«

»Ehrlich gesagt«, Selena sieht mich nervös an, »ich finde, nein. Aber wenn wir tatsächlich mehr wollen würden, wäre das dann nicht wie männliche Gier, zumindest in Petras Augen? Ich meine, wann immer es echt scharf wird, schläft Petra süß und selig ein.«

Petra steht auf und schnappt sich ihre Tasche. »Das führt doch zu nichts. Wenn du dich hier beschweren willst – da mache ich nicht mit. Wenn das alles ist, was du über mich zu sagen hast, dass ich einschlafe wie ein ... ein Kohlkopf oder so, dann ist das hier reine Geldverschwendung.«

Sie hält unvermittelt inne, schaut verlegen drein, sieht Selena an und lässt ihre Tasche zu Boden gleiten. »Okay, okay«, sagt sie an mich gewandt, »ich hab's nicht so gemeint. Tut mir leid, Renate, es geht im Grunde nicht um Geld.«

»Worum geht es denn im Grunde?« frage ich sie, während sie sich wieder hinsetzt. »Was ist so schlimm daran, einzuschlafen?«

Petra ermuntert Selena mit einer einladenden Geste. »Nur zu, erzähl ihr die schmutzige Wahrheit.«

»Schmutzig – soso.« Selena scheint von Petras Wutausbruch nicht sonderlich beeindruckt zu sein. »Ich muss sagen, dass ich nie richtig kapiert habe, was Petra am Orgasmus so unerträglich findet. Oder im Grunde schon an reiner Erregung. Ich weiß, dass sie das nicht mag und hab es irgendwann aufgegeben, sie davon überzeugen zu wollen, dass es auch ganz schön sein könnte.«

»Ganz schön?« wiederhole ich. »Ist das alles?«

Sie runzelt die Stirn. »Neeeiiin ... aber ich denke, ich habe mir mittlerweile erfolgreich eingeredet, ohne genauso glücklich zu sein. Vielleicht würde es alles ruinieren ... für Petra ... oder zwischen uns. Dann wären wir wie alle anderen auch, nicht? Wir würden immer dieser einen Sache nachjagen. Wie beim Essen – wenn du dir immer einen kleinen Appetit bewahrst, ist der nächste Bissen um so besser, oder?«

»Du isst nie einfach nach Herzenslust?«

Beide lachen. Ich sehe, wie ihre Blicke über ihre üppigen, vollbusigen Körper gleiten.

Petra sagt: »Das können wir wohl kaum verhehlen. Essen ist besser als Sex, wenn du mich fragst.«

Selena schnurrt: »Manchmal wünschte ich, ich würde den Kopf verlieren und dich mit Haut und Haaren auffressen ...«

Petra schnappt nach Luft. »Was würde von mir übrigbleiben?« fragt sie mit der Stimme eines kleinen Mädchens.

»Eine Pfütze Vergnügen«, antwortet Selena.

Petra zieht sich in ihre Ecke der Couch zurück. Ihr banges,

beunruhigtes Gesicht sagt uns, dass eine verborgene Wahrheit berührt wurde, die um jeden Preis in ihrem Versteck bleiben möchte.

Petra und Selena haben ein entscheidendes Thema angesprochen. Die Neigung von Frauen, eine den ganzen Körper umfassende Sinnlichkeit zu pflegen, kann sicherlich als ein immenses Geschenk der Natur betrachtet werden. Viele Frauen, insbesondere Frauen, die mit Männern gelebt und auch sexuell mit ihnen verkehrt haben, sind über alle Maßen entzückt, wenn sie die sinnliche Dimension in der Liebesbeziehung mit einer Frau entdecken. Enorm viele Frauen beschweren sich darüber, dass ihre Männer sich immer nur für die drei ausgewiesenen erogenen Zonen ihres Körpers interessiert haben – Mund, Brüste und Genitalien – und dass ihr Menü an körperlichen Genüssen entschieden karg war. Jetzt schwelgen sie mit ihrer weiblichen Geliebten in einem Zwölf-Gänge-Menü, entdecken wieder, dass ihr ganzer Körper hautbedeckt ist und dass ihre Haut viele Arten von Berührungen genießt. Wie Petra stellen sie in der Tat fest, dass sie eine Welt für sich entdeckt haben, die der heterosexuellen Gesellschaft fremd ist, und sie sind entschieden – wenn nicht gar militant – stolz auf die Genussfähigkeit des weiblichen Körpers. Die Vormachtstellung des Genitalen, die die Auffassung von Sex in unserer heterosexuellen Gesellschaft prägt, wird von vielen dieser Frauen kritisiert, aber es ist nicht ganz klar, warum manche von ihnen, wie Petra, den Orgasmus komplett auslassen möchten.

Petra beharrte darauf, dass ihr Ausschließen des »Geschlechtsverkehrs« eine rein politische Entscheidung sei. In meiner Arbeit mit den beiden stellte sich jedoch heraus, dass Petras Haltung auch eine psychologische Bedeutung hatte. Als wir näher beleuchteten, wie sie aufgewachsen war, stellte sich heraus, dass Petras Umgebung von einem leicht reizbaren, unberechenbaren Vater beherrscht wurde, der erst kürzlich als manisch-depressiv diagnostiziert worden war. Ihre Mutter, eine sehr starke Frau, gerierte sich als Kapitänin des Familienschiffs. Sie fand stets eine positive, optimistische Erklärung für alles, was der Vater tat, selbst den Verkauf des Eigenheims, als sie und die Kinder in den Ferien waren. Mit jedem neuen vielversprechenden Job des Vaters wurde die Familie an einen neuen Ort verpflanzt. Die ständigen Wechselbäder von Wohlhabenheit und Armut zehrten an der Mutter, doch sie hielt eisern daran fest, dass ihr Gatte der beste aller Väter sei. In ihren Entwicklungsjahren fand Petra jede Art von Aufregung, jede intensive Stimulation, jede Form von Hochgefühl unerträglich. Das Ideal ihrer Jugend lautete Gleichmut, Harmonie und Ausgewogenheit. Orgasmen hätten dieses Programm durcheinandergebracht.

In einer unserer Sitzungen war Petra in der Lage, von einer verstörenden Erfahrung zu erzählen, die sie mit fünfzehn Jahren gemacht hatte.

»Wir waren übers Wochenende mit unserem Volleyballteam zu irgendwelchen Meisterschaften unterwegs. Ich teilte mir ein Zimmer mit Susie. Susie war cool, wie wir heute sagen würden. Ich bewunderte sie total, weil sie sich in einem Ausmaß unter Kontrolle hatte wie sonst niemand im Team. Sie bewegte sich wie ein Panther, brach nie in Schweiß aus und war trotzdem die Schnellste von uns allen. Ihrem Aufschlag war niemand gewachsen, wirklich niemand.

Als sie eines Tages auf mich aufmerksam wurde, war ich dermaßen baff, dass ich eine ganze Weile überzeugt war, alles,

was sie tat, sei vollkommen normal. Wisst ihr, wie ich heraus-
fand, dass sie etwas im Sinn hatte? Als ich nach dem Duschen
in unser Zimmer zurückkam, sah ich, dass sie unsere Betten
zusammengeschoben hatte. Sie stürzte sich auf mich, schlang
die Arme um mich und rollte sich mit mir auf den Betten
herum, bis wir beide zu Boden gingen. Sie nagelte mich fest
und küsste mich, und ich war völlig ... völlig hin und weg ...«

Selena hat sie die ganze Zeit über angeblickt, als sähe sie sie
zum ersten Mal. »Du warst hin und weg? Wo warst du hin?
Was heißt, du warst völlig hin und weg?«

»Ich wusste nicht, wie ich reagieren sollte. Mir schwirrte der
Kopf. Ich wusste nicht mehr, was oben und was unten war.
Ihre Hände waren überall auf mir und dann sogar ihr ... Ich hatte keine Ahnung, was sie da unten mit mir machte. Ich versuchte, sie am Schopf zu packen und wegzuziehen, aber sie lachte
nur und ergriff meine Handgelenke und machte weiter ...«

Ich gebe Selena ein Zeichen, sich zurückzuhalten und Petra
nicht zu unterbrechen.

Petra sieht aus wie versteinert. »Es war irgendwie schrecklich, aber ich konnte es nicht beenden; ich wusste nicht, wie.«
Plötzlich schwingt sie die Arme wie Windmühlenflügel, als wolle sie eine Hitzewelle abwehren. »Puh!« ruft sie. »Ich möchte
mich nicht daran erinnern.«

Selena beugt sich vor und legt ihr beide Arme um die Schultern. »Bitte, mein Engel, hab keine Angst, rede weiter, du
schaffst es ...«

Petra löst sich aus der Umarmung, schlägt die Hände vors
Gesicht und beugt sich vor, um die Ellbogen auf die Knie zu
stützen. Sie atmet schwer. Sie schüttelt den Kopf, wie um zu
sagen, sie könne nicht weitermachen. Mit erstickter Stimme

bringt sie schließlich heraus: »Ich dachte, ich hätte einen Herzanfall – mein Herz schlug rasend schnell, und mein Atem ging auch so schnell, ich bekam keine Luft, ich begann zu zittern, meine Beine zitterten, und sie ruckelte mich auf und ab ... es war so heiß, dass ich dachte, ich brenne ... Ich schrie, ich hörte mich selbst schreien, und da hörte sie auf. Es war eine Vergewaltigung, ich wurde vergewaltigt ...«

»Es war keine Vergewaltigung, mein Herz«, sagt Selena. »Es war ein Orgasmus! Das erste Mal kann es sich durchaus so anfühlen ...«

Petra hebt den Kopf und sieht vollkommen verblüfft aus. »Machst du Witze? Ein Orgasmus? Du meinst, ich hatte ...« Ihre Stimme erstirbt.

»Es klingt ganz danach.« Selena kichert beinahe.

»Was immer es war, Petra«, mische ich mich ein, »es muss dir große Angst bereitet haben. So wie du es beschreibst, klingt es, als hättest du plötzlich deine gewohnte Kontrolle über deinen Körper verloren. Das war der Moment, als du meintest, hin und weg zu sein. Wenn die Erregung so plötzlich da ist, ohne Vorwarnung, ohne langsames Anwachsen des Begehrens, dann kann sie sich wie Gewalt anfühlen.«

Selena sagt: »Liebling, du hast einen Orgasmus gehabt. Du hast einen Orgasmus gehabt.«

Petra funkelt sie an. »Ja. Okay. Und ich erzähl dir noch was. Ich werde nicht zulassen, dass mich jemand dazu bringt, das noch mal durchzumachen.«

Selena legt wieder die Arme um sie. »Mach dir keine Sorgen, mein Engel. Niemand wird dich dazu bringen, das noch einmal durchzumachen. Das nächste Mal wirst du ganz und gar die Kontrolle haben. Das wird der Unterschied sein.«

Forscherinnen in einem
unbekannten Land

Es erübrigt sich beinahe zu sagen, dass Petra dieser orakelhaften Verheißung ihrer Geliebten Widerstand entgegensetzte. Doch nach vielen Gesprächen begann Petra zwei Dinge zu begreifen: erstens, wie sehr Selena sich wünschte, dass ihre Verbindung sich vertiefen und ebenso sexuell erregend wie sinnlich erfüllend sein würde und zweitens, dass ihre außerordentliche Angst vor Erregung ihren Ursprung in den verstörenden manischen Episoden ihres Vaters hatte. Wenn sie fortfuhr, Erregung in jedweder intimen Form zu vermeiden, würde sie das Opfer ihres Vaters bleiben. Die Vorstellung, gegen ihren Willen Papas kleines Mädchen zu sein, ärgerte Petra dermaßen, dass sie beschloss, dagegen anzugehen. Ihr feministischer Optimismus war ihr eine große Hilfe, als sie den Stier bei den Hörnern packte und ihre frühe Familienkonditionierung aufzubrechen suchte. Sie entwarf sich ihr eigenes Programm der sexuellen Befreiung und wies jede Anregung von mir und auch von Selena zurück. Sie war entschlossen, alle Fäden in der Hand zu behalten.

Petra vermochte sich anfangs nicht vorzustellen, dass man sich einem Orgasmus auf langsame, behutsame, sich dann allmählich steigernde Weise nähern kann – kurzum, dass man ihn sich aneignen kann wie jede andere Körpererfahrung. Doch sie war in der Lage zu artikulieren, was vielen Frauen an ihrer sexuellen Erfahrung rätselhaft bleibt: Petra konnte die Schwierigkeiten mit ihrer sexuellen Erregung gleichsam von innen heraus beschreiben. Sie wiederholte mehrfach, wie erschreckend die Erfahrung war, dass etwas die Oberhand über sie gewann, und sie nicht wusste, was das war, wo es anfing, wohin es führen würde und ob es jemals an ein Ende käme. Ihr missfiel die Vorstellung, dass jemand auf ihrem Körper spielte wie auf einem Instrument. Sie hatte Angst, jemandem auf Gedeih und Verderb ausgeliefert zu sein. Was wäre, wenn die Erregung wüchse und sie den Wunsch verspürte, berührt zu werden, mehr und immer mehr, und ihre Geliebte plötzlich aufhörte und sich weigerte, sie weiter zu stimulieren? Was wäre, wenn ihr Körper es so dringend wollte, dass sie einfach alles dafür täte? Würde sie wie ein gieriges Monster erscheinen? Wie eine Nymphomanin? Was wäre, wenn sie sich daran gewöhnte und nicht mehr ohne diese Lust auskommen könnte, die Geliebte aber auf einmal nicht mehr da wäre?

Das sind einige der Ängste, mit denen viele Frauen zu kämpfen haben, insbesondere wenn sie noch keine große körperliche und sinnliche Erfahrung gesammelt haben, und das ist kein Wunder. Wer spricht schon offen mit Mädchen über dieses atemberaubende Körperereignis? Geht unsere Kultur nicht davon aus, dass Sex so natürlich ist, so instinkthaft, dass sexueller Genuss genauso zu sein hat? Wir können nicht oft genug fragen: Verfügen wir über eine Sprache, wenn wir darüber reden wollen? Eine Sprache, die spezifisch und präzise ist und doch subtil genug, um die körperlichen Empfindungen einzufangen – die Erregung, die Wandlung des Körpers zum sexuellen Körper, zum Körper des Begehrens, der seine ureigene Lust und Erfüllung wünscht und verlangt? Ohne Hilfe, ohne Anleitung, ohne Sprache bewegen sich viele Frauen nur unbeholfen durch diese großartige Landschaft, mit einem Körper, der auf die eine oder andere Weise von Angst, Scham, Reizüberflutung und Unwissenheit gelähmt ist.

Petra hatte Glück. Für Selena war es kein Problem, Behutsamkeit und Geduld aufzubringen, sich Petras Tempo anzupassen und ihr keinen Schritt vorauszueilen. Petra schöpfte Mut aus der Tatsache, dass sie selbst einiges an Wissen mitbrachte für die schwierige Aufgabe zu lernen, sexuelle Erregung und Hingabe zuzulassen. Sie war bereits mit einem breiten Spektrum an sinnlichen Genüssen vertraut. Sie konnte mit großer Trennschärfe erkennen und benennen, was sich gut anfühlte und was nicht. Mein Vorschlag, sie könnte lernen, sich selbst zum Orgasmus zu bringen, fiel jedoch nicht auf fruchtbaren Boden. Die Vorstellung, den möglichen Gefahren allein, ganz auf sich gestellt, ins Auge zu blicken, erschreckte sie zu sehr. Sie wollte Selena dabeihaben, um ihr Sicherheit und Schutz zu geben und sie gleichzeitig zu erregen. Sie verabredete feste Zeiten am Wochenende mit Selena, um sich auf ihr sexuelles Neuland zu wagen. Sie erzählte mir, dass es ihr vermutlich ähnlich ginge wie ihren deutschen Vorfahren, die sich als Pioniere auf den Weg gemacht und ein gefährliches, aber verlockendes unbekanntes Land betreten hatten. Dieser Vergleich gefiel ihr, und an einem Punkt in der Therapie bat sie um eine kleine Pause, um »auf sich allein gestellt zu sein« wie eine echte Entdeckerin. Doch der Orgasmus, so berichtete sie in kurzen wöchentlichen eMail-Nachrichten, blieb ihr weiterhin versagt.

Das ist ein bekanntes Stadium beim Lernen: Nach dem anfänglichen Enthusiasmus und den aufregenden ersten Schritten stoßen wir alsbald auf Schwierigkeiten und fühlen uns festgefahren oder wir erreichen eine Zwischenstufe, auf der wir einige Fortschritte vorzuweisen haben, doch unser letztendliches Ziel ist immer noch außer Reichweite.

Nachdem dieses Stadium einige Monate angedauert hat, kommen Petra und Selena eines Tages mit langen Gesichtern zu mir und verkünden: »Es funktioniert nicht. Es wird auch nie funktionieren. Wir haben beschlossen, wieder dort anzuknüpfen, wo wir vorher waren. Wir hatten es so gut – warum all dieses Theater, um es noch besser zu machen? Gibt es nicht ein Sprichwort, das besagt: ›Besser den Spatz in der Hand ...‹?«

Ich bitte die beiden, mir das näher zu erläutern.

Selena sagt: »Es macht uns beide unglücklich. Ich arbeite an Petras Orgasmus; ich bin nervös und aufgewühlt, weil ich übererregt bin und nicht weiß, wohin mit meinen Gefühlen. Ich würde sie mir am liebsten schnappen und sie einfach vernaschen, aber vor allen Dingen möchte ich sie schütteln!« Sie registriert Petras banges Gesicht und fügt hinzu: »Ach, mein Liebling, guck nicht so. Ich meine das nicht so.«

Petra klingt niedergeschlagen: »Es ist, als müsste ich den Mount Everest besteigen. Ich komme nie über das Basislager hinaus. Und wozu das Ganze? Warum nach dem Gipfel streben, wenn die Aussicht von hier aus auch ganz schön ist? Es ist befriedigend. Das war es immer.«

Ich sage: »Wozu gibt's Sexualität? Das ist eine gute Frage.«

Selena erwidert ungeduldig: »Tja, wir wissen es nicht mehr. Sag du's uns.«

Petra stößt sie mit dem Ellenbogen an. »Es ist nicht *ihre* Schuld.«

»Ich verstehe, dass ihr frustriert seid«, sage ich. »Ihr hattet eine Vision, und nun klingt es, als ob ihr einfach auf halbem Weg aufgeben wolltet. Ihr klingt verärgert. Es ist, wie wenn man einem Kind eine Erdbeertorte zeigt und ihm dann nur einen Krümel gibt. So mag es euch mit mir gerade gehen.

Doch was ist mit der Erdbeertorte, die hier direkt vor euch stand? In euren Gedanken, in eurer Vorstellung – ihr habt sie doch gesehen, oder? Wo ist sie jetzt?«

Selena seufzt. »Du hast recht. Wir tun so, als ob es nur ein Krümel wäre und wir es dabei belassen können ...«

»Ich glaube nicht, dass ich je nachvollziehen konnte, warum so ein Wirbel um die Erdbeertorte gemacht wird«, antwortet Petra. »Könnte mir das bitte noch mal jemand erklären?«

»Na, komm«, Selena lächelt, »du weißt es sehr wohl. All die Dinge, die wir immer tun. Das ist die Erdbeertorte, und dann gibt es da noch das Sahnehäubchen, wovon wir nie gekostet haben. Und manche Leute, nein, viele Leute halten das Sahnehäubchen obendrauf für den besten Teil der Torte überhaupt.«

»Du zum Beispiel?« frage ich.

»Ich glaube schon. Ich kann mir ehrlich gesagt kaum vorstellen, wie ich ohne auskommen würde.«

»Was genau ist für dich das Sahnehäubchen?« frage ich.

»Ach, ich meine damit nicht nur den Orgasmus. Ich meine richtige sexuelle Hochspannung, was richtig Heißes, Chilischarfes«, erwidert sie.

»Du musst verrückt sein«, protestiert Petra, »wenn du glaubst, dass unsere wunderschöne Torte ohne das blöde Sahnehäubchen nicht zählt.«

Warum überhaupt Sex haben?

Petra und Selena bringen zur Sprache, was viele Paare empfinden, nachdem die sexuelle Spannung nachgelassen hat oder vielleicht sogar ganz aus der Beziehung verschwunden ist. Es scheint egal zu sein, dass Petra und Selena in diese missliche Lage geraten sind, ohne überhaupt je sexuelle Höhenflüge miteinander erlebt zu haben. An diesem Punkt sind sie wie alle anderen Paare auch, deren sexuelles Begehren abgeflaut ist und die sich fragen, ob es sich überhaupt lohnt, sich danach zu sehnen und es zurückerobern zu wollen.

Meiner Ansicht nach wird diese grundlegende Frage nicht beharrlich genug gestellt: Welchem Zweck dient Sex? Warum ist es wünschenswert, auch im Alter von fünfzig, sechzig, siebzig ... Jahren oder nach einer mehr als zehnjährigen Beziehung noch Sex zu haben? Warum hat es immer eine tragische Note, wenn Paare erzählen: »Wir hatten seit zwei Monaten keinen Sex!«, obwohl sie in dieser Zeit durchaus zärtlich miteinander waren? Es ist bemerkenswert, wie oft ich die Frage »Warum überhaupt Sex haben?« – rhetorisch gestellt – von Frauen vernommen habe, die sich so nah, so eng verbunden fühlen, dass sie glauben, größere Nähe könnte es zwischen ihnen gar nicht geben. Genügt es nicht, die körperliche Nähe, Zärtlichkeit, Geborgenheit zu genießen, die Frauen so problemlos miteinander herstellen können? Ist es nicht bloß ein weiterer patriarchaler Mythos, dass sie mehr Action im Bett haben sollten? Ihre Nähe übersteigt bereits jede Intimität, die der Liebesakt in ihren Augen erzeugen kann. Ich meine jedoch, dass die Intimität, die durch eine erfüllende sexuelle Beziehung geschaffen wird, vollkommen andere Elemente enthält als jede andere Form von Nähe. Sexuelle Hingabe, das damit verknüpfte Risiko, das zugrundeliegende Vertrauen, das nötig ist, um die Kontrolle der Geliebten zu überlassen – all das erzeugt eine Art von tiefer Emotion, die nur durch den Körper erfahren werden kann, wenn Körper und Herz und Seele und Geist miteinander im Einklang sind.

Wilhelm Reich hatte vermutlich recht mit seiner Behauptung, dass ein wahrhaft erfüllender Orgasmus dem ganzen Energiesystem des Körpers förderlich ist – der körperlichen und emotionalen Ausgeglichenheit und Gesundheit. Doch meiner Ansicht nach ist noch mehr damit verknüpft.

Wenn wir einem anderen Menschen bereits außerordentlich zugetan sind, erleben wir oftmals, wie Selena es beschreibt, die nervöse Spannung des überstimulierten Kindes, das nicht weiß, wohin mit sich. Wir glauben vor Begehren verrückt zu werden; wir können die gefühlsmäßige Überflutung nicht ertragen. Wir wollen den geliebten Leib drücken und in Stücke reißen wie köstlichen Teig, wollen große Stücke herausbeißen, ihn vereinnahmen, ihn ganz und gar verschlingen und erlöst sein. Das sind starke und sogar gewalttätige Gefühle, und für diese primitiven, primären Begierden scheint es buchstäblich kein anderes Ventil zu geben als Sex. Fehlen die sexuellen Ausdrucksmöglichkeiten, muss die angewachsene Spannung eingedämmt, unter Verschluss gehalten oder eingeschläfert werden. Oder sie wird in Ärger, Zorn, Streit entladen – Versuche, die aufstörende Spannung in einen vertrauten Kanal zu lenken. Wenn diese machtvollen Energien keinen angemessenen Ausdruck finden, können sie in der Tat destruktiv und selbstzerstörerisch werden. Die Liebe ist ein seltsames, hungriges Tier. Wenn wir es nicht füttern, wendet es sich gegen uns. Unsere Frustration, unser Ärger, unsere Gereiztheit und unsere innere Not können so heftig werden, dass wir uns gezwungen sehen, aus unserer Langzeitbeziehung auszubrechen und uns einer Ex-Geliebten zuzuwenden oder einer Freundin, die lesbischen Sex ausprobieren möchte, oder dass wir mit einer Fremden, der wir im Frauenbuchladen begegnet sind, einen One-Night-Stand haben.

Doch wenn wir dem wilden Tier ins Auge sehen, wenn wir das uns innewohnende Wissen kultivieren, das die Liebe als Lernort zu Bewusstsein gebracht hat, werden wir belohnt. Unsere Paarbeziehung wird fortwährend durch die Gefühlstiefen erneuert, zu denen Sex uns den Zugang ermöglicht. In den Momenten des Loslassens, in denen wir uns der Umarmung vollkommen hingegeben haben und in den Armen unserer Geliebten wiedererwachen, können wir uns wie wiedergeboren fühlen. Die transformierende Macht dieser Erfahrung kann durch den gesamten Leib, durch alle Sinne in einer Weise erfahren werden, die uns den größeren Mächten der Natur und des Universums öffnet – der Göttin, dem Göttlichen. Wir haben teil an etwas Unerklärlichem, das umfassender und weitreichender ist als unser Verstand, so dass für viele Frauen der Orgasmus in diesem Sinne eine zutiefst spirituelle und Einssein erzeugende Dimension besitzt. Manche Frauen sprechen von dieser spirituellen Dimension des Liebesspiels, dem freien und ungehemmten Energiefluss durch jedes Chakra, als dem »Orgasmus des Herzens«. Es gibt Frauen, die ihn erreichen, allein indem sie einander ansehen – die Seelenbegegnung zweier Liebender –, doch auch dieser Orgasmus erfordert die Bereitschaft zum Risiko und zur Begegnung. Er erfordert Vertrauen, aktives Begehren und Hingabe.

Als wir diesen Aspekt der körperlichen/sexuellen Liebe in unserer Sitzung besprechen, fällt es Petra und Selena nicht schwer, den Unterschied zwischen ihrem gemütlichen, risikofreien Kuscheln und dem hochriskanten Abenteuer, dem Sahnehäubchen auf der Erdbeertorte, zu erkennen. Sie beschließen, ihre Reise durch den unbekannten Kontinent fortzusetzen.

Schon bald gibt es eine Überraschung. Mitten in einer Sitzung erfahre ich, dass Petras wachsende Fähigkeit, Begehren und Erregung zu erleben, plötzlich nicht mehr auf eine vergleichbare Erregung bei Selena trifft.

»Ich verstehe das nicht«, sagt Petra. »Jetzt, wo ich richtig scharf werde, schläft Selena mittendrin ein. Sie reagiert einfach nicht.«

»Willst du damit sagen, dass ihr die Rollen getauscht habt? Du, Petra, schläfst jetzt nicht mehr mittendrin ein, dafür aber Selena?«

Breites Grinsen von Selena. »Nun, um die Wahrheit zu sagen – wir sind doch immer zusammen eingeschlafen, oder? Und jetzt kann ich es eben nicht lassen. Sex ist unsere symbiotische Schlaftablette gewesen. Ich glaube, es ermüdet mich einfach, Petra bis zum Orgasmus zu bearbeiten.«

»Oder könnte es sein, dass du zu schnell überstimuliert bist und dass du deinen altvertrauten Weg einschlägst, um das zu kanalisieren?«

»Ja, genau. Das ist es.«

»Ich bin immer wieder beeindruckt von eurer Bereitwilligkeit, ohne großes Zaudern der Wahrheit die Ehre zu geben. Aber weiter. Da muss noch mehr sein. Jemanden bis zum Orgasmus bearbeiten? In meinem Ohren klingt das auch nicht gerade aufregend. Arbeit und Lust, Arbeit und Spiel ... Ihr wisst, wie ich darüber denke.«

Selena meint: »Nun gut, mir scheint, dass ich bei Petra immer gegen die Wand renne. Sie ist so glücklich, so erregt, so nass, ich merke, dass sie es will, ich weiß, sie will mehr, sie will kommen, und ich verstehe einfach nicht, warum sie es nicht tut. Sie lässt einfach nicht los.«

Petra schüttelt den Kopf. »Ich will schon, natürlich. Aber du schaffst es einfach nicht, mich über die letzte Klippe zu bringen. Dabei sage ich dir immerzu, was du tun sollst ...«

»Überhaupt nicht! Du drückst dich nicht klar aus. Du bist nicht offen und direkt. Schieb nun nicht mir die Schuld in die Schuhe. Ich tue alles, was du willst ...«

Ich unterbreche die beiden. »Vielleicht fehlt euch beiden etwas, das bisher noch nicht angesprochen wurde – das vielleicht noch nicht ans Licht gekommen ist. Für dich, Selena, muss es schwierig sein, dass du in deinen Bemühungen so wenig erfolgreich bist.«

Selena erwidert mit belegter Stimme: »Aber liegt es an mir? Ist es mein Versagen? Es macht mich oft ganz sauer. Total sauer. Ich möchte sie am liebsten schütteln, bis sie damit aufhört ... oder kommt. Ich weiß nicht. Sie mauert einfach, sie will einfach nicht weitermachen, es ist, als ob sie mir die Tür vor der Nase zuschlägt ... oder sich weigert, sie mir zu öffnen. Ich fühle mich dann so allein und außen vor gelassen, und dann gibt sie mir auch noch die Schuld. Es ist mein Fehler, ich mache es nicht richtig, ich berühre sie nicht richtig, ich mache es immer falsch. Das kann es ja wohl auch nicht sein.«

»Okay, vielleicht hast du recht«, erwidert Petra. »Aber ich habe wirklich das Gefühl, du verstehst mich einfach nicht. Ich wünschte, ich könnte ... ich könnte ...«

»Petra«, sage ich, »in deinen kühnsten Träumen, wenn über deinem Bett ein Zauber hinge – was würde dann geschehen? Mal es dir aus, erzähl uns, was du dir wünschst. Wirklich wünschst. Erzähl uns das Geheimnis.«

Petra errötet. »Auf gar keinen Fall! Das kann ich nicht. Niemals. Ich würde vor Scham sterben. Es ist zu ... absurd. Was ich mir manchmal wünsche, ist nicht p.c. Nein, lieber würde ich sterben.«

»Aha!« ruft Selena. »Wusste ich es doch! Ich hab's ja gewusst. Doch ein schmutziges Geheimnis. Ach, mein Herz, das ist wundervoll. Erzähl – sag schon, versuch's, gib mir ein Stichwort, dann errate ich den Rest.«

»Stop, hör auf, bedränge mich nicht ... tu mir keine Gewalt an ...« Petras Stimme wird lauter. Sie wirft mir einen Blick zu, der besagt: »Rette mich! Halt sie mir vom Leib!«

Ich beende die Sitzung und schicke sie nach Hause, damit sie sich in die Arme nehmen. Ich versichere ihnen, dass sie einen entscheidenden Schritt im Hinblick auf ihre Nähe geschafft haben. Die Existenz eines Geheimnisses ist ans Licht gekommen, auch wenn das Geheimnis selbst noch nicht gelüftet wurde. Ich vertraue darauf, dass die beiden das zu gegebener Zeit in ihrem privaten Rahmen tun werden. Ich kenne sie inzwischen, und ich bin sicher, dass Petra sich am Ende nicht mehr von Selenas eifriger Bereitschaft, sie besser kennenzulernen, genötigt fühlen wird.

In unserer nächsten Sitzung sagt Petra: »Ich weiß nicht, was mit mir los ist. Ich möchte von Selena in den Armen gehalten werden, aber nicht einfach nur so. Ich möchte gehalten werden wie ein winzig kleines Ding. Und das geht mit meinem großen Leib nicht zusammen. Ich meine, es ist lächerlich – ich ein winzig kleines Ding, wo ich so ... seht mich doch an ... so riesig bin. Ich komme mir albern vor, aber irgendwie kann ich nicht darüber lachen. Oder vielleicht kann ich es, aber wenn *sie* es täte, wäre ich schrecklich verletzt. Ich will, dass sie es ernst nimmt, egal wie albern es ist, denn es ist albern, nicht? Ich kann es selbst nicht ganz ernst nehmen.«

Selena interpretiert. »Ich habe den Eindruck, dass Petra sich wirklich wie ein Kleinkind oder so fühlen möchte. Und von mir gehalten werden möchte, wie eine Mutter ihr ...«

»Aber ich habe es immer so empfunden, dass wir uns bemuttern«, fällt Petra ihr ins Wort. »Und das war immer völlig in Ordnung. Warum jetzt auf einmal nicht mehr?«

»Weil es jetzt nicht mehr gegenseitig ist, deshalb«, antwortet Selena.

Ich ermutige sie weiterzusprechen.

Sie zögert. »Ich nehme da wirklich eine Verschiebung wahr. Petra genügt es nicht, dass ich sie bemuttere, sondern sie möchte, dass ich sie wie ein echtes Baby umsorge. Ich weiß nicht, wie ich das erklären soll ... Warum ist es nicht egal, wie ich sie in den Armen halte?«

Petra ist verwirrt. »Ich wünschte, ich wüsste es. Es ist einfach ein ganz besonderes Gefühl, wenn ich auf diese Weise an deiner Brust liege. Es bringt mich zum Weinen, es macht mich ... Ich kann nicht mal genau sagen, was es bewirkt ... es funktioniert einfach.« Sie hat Tränen in den Augen. »Es ist mir ein dringendes Bedürfnis, dass du mich verstehst. Zum Teufel noch mal, es ist mir wirklich enorm wichtig, dass du mich verstehst und dass du es richtig machst.«

»Aber man kann es dir nicht recht machen«, erwidert Selena. »Du bist so mäkelig. Früher mochtest du alles mögliche, aber jetzt bist du mir zu kompliziert geworden, ich kann da nicht mithalten, du bist fordernd und lässt nicht locker, und ich komme mir vor wie eine Versagerin. Es macht mich verrückt. Du kommandierst mich herum wie ein ... wie ein tyrannisches Baby. Ich habe den Eindruck, wenn Babys sprechen könnten, dann wären sie genauso fordernde Blagen wie du ...«

»Mich macht das auch verrückt, falls es dich interessiert. Plötzlich verurteilst du mich. Ich glaube, was du nicht ertragen kannst, ist die Tatsache, dass ich das wirklich will. Dass ich das brauche. Dass ich dich einmal wirklich brauche.«

Ich mische mich ein. »Vorher wurde Selena nicht gebraucht?«

Es entsteht eine Pause. Petra sieht aus, als sei sie den Tränen nahe.

»Das ist was anderes. Es ist solch eine unendliche Bedürftigkeit, es gibt gar kein Wort dafür. Es ist, als wäre ich wirklich gerade erst geboren und als hinge mein Leben davon ab, es zu bekommen. Ich bin so nackt und winzig und verzweifelt ...« Sie schlägt die Hände vors Gesicht.

Selena streichelt sie. »Ist schon gut, mein Herz. Ich möchte es ja hören. Ich verurteile dich nicht. Rede einfach weiter ...«

Petra flüstert: »Ich bin in Gefahr. Es ist gefährlich dort. Was ist, wenn du wirklich tust, was ich will, und ich wirklich bekomme, was ich will, und du es dann plötzlich nicht mehr tust ... Was dann? Was mache ich dann?«

Selena sieht mich fragend an. »Du meinst, in dem Augenblick, wo du nah dran bist, hast du Angst, dass es dir fortgenommen wird? Du bist noch nicht einmal dort gewesen und hast bereits so große Angst, dass ich etwas tun könnte, um dich davon abzuhalten?«

»Moment, Selena«, sage ich. »Da fehlt ein Schritt. Etwas zu wollen macht verletzlich. Wenn wir Begehren verspüren und einen Wunsch erfüllt bekommen, dann lernen wir gleichzeitig, dass die Wunscherfüllung uns ebensogut vorenthalten werden kann.«

»Aber das würde ich nie tun!« protestiert Selena.

»Es ist ein Sprung ins kalte Wasser«, erwidere ich. »Das erste Mal musst du springen, um die Erfahrung zu machen, dass deine Geliebte dich auffangen wird. Wie willst du sonst Vertrauen aufbauen?«

»Vertrau mir, vertrau mir«, drängt Selena. »Ich werde dich auffangen.«

»So einfach ist das nicht!« protestiert Petra. Sie nimmt die Hände ein wenig herunter, gerade genug, um mich anzufunkeln, dann verbirgt sie ihr Gesicht wieder. »Es ist mir peinlich«, murmelt sie durch ihre Finger. »Es ist, als würde ich mich selbst demütigen oder so ... Wenn ich wirklich ein solches Baby bin, wie kann ich dann meine Stärke in dieser Beziehung aufrechterhalten? Und beim nächsten Streit wird das am Ende gegen mich verwendet.«

»Du hast Angst, dass Selena dich demütigen und lächerlich machen könnte, weil sie weiß, was du brauchst und dir ersehnst?« frage ich.

»Aber es ist doch das, was wir beide so sehr wollen«, wendet Selena ein. »Hab ich dir jemals so etwas angetan? Das würde ich nie tun, und das weißt du auch ...«

»Du weißt vielleicht nicht, dass du das willst, aber vielleicht willst du es auch nur, weil ich es will ...«

»Wie bitte?« fragt Selena nach.

»Ich wäre dir völlig ausgeliefert, wie eine Sklavin oder so.« Petra versteckt sich jetzt hinter ihren Armen, als müsste sie sich vor Schlägen schützen. »Du weißt, was ich will, was ich so dringend will, dass ich alles tun würde, um es zu bekommen, und dennoch wird es immer von dir abhängen – du hast es in der Hand.« Sie klingt unglücklich, während Selena zuhört und zunehmend beunruhigt dreinschaut. »Meine gesamte Lust hängt von dir ab, das ist keine Gleichheit mehr«, klagt Petra weiter. »Alles, was wir hatten, ist jetzt zerstört, weil du ... weil du jetzt alle Macht hast und ich gar keine mehr ...«

Selena wirft zornig ihre Locken zurück. »Nun mach aber einen Punkt, meine Liebe! Schluss mit diesem politisch korrekten Lamento von wegen Gleichheit. Wenn Gleichheit wirklich so sexy wäre, dann würdest du alle fünf Minuten einen Orgasmus haben, und zwar tagtäglich ...« Sie verdreht die Augen, als könnte sie selbst nicht glauben, was sie da gerade gesagt hat.

Petra kommt hinter ihren Armen hervor. Sie sieht völlig verwirrt aus.

Ich ergreife das Wort. »Vergessen wir nicht, dass Gleichheit das Fundament eurer Beziehung ist und nicht so leicht von Unterschieden erschüttert werden kann. Wenn du Selena die Macht überlässt, dir deine Wünsche zu erfüllen, Petra, wer sagt denn, dass du nicht über die gleiche Macht verfügst, Selena ihre Wünsche zu erfüllen?«

Die beiden starren mich an, als hätte ich soeben einen Schuss abgegeben.

»Du meinst, Selena muss das gleiche durchmachen?« Petra klingt längst nicht mehr so unglücklich.

»Um keinen Preis!« ruft Selena und verbirgt ihr Gesicht hinter ihrem Haar.

»Ha, das musst du aber!« ruft Petra triumphierend und blickt mich an, um sich zu vergewissern, dass sie auf dem richtigen Gleis ist. »Fair ist fair.«

Selena lacht tief aus dem Bauch heraus. Petra stimmt erleichtert ein.

»Warte nur«, sagt sie. »Es wird schon Mittel und Wege geben ...«

»Reifer Sex«

Wünsche, insbesondere körperlicher Natur, können uns schnurstracks in unsere Kindheit zurückversetzen und damit die nachhaltige Erfahrung wiederaufleben lassen, überwältigenden Bedürfnissen, Begierden, Empfindungen ausgeliefert zu sein. Wünsche lassen uns die angespannte Situation eines hilflosen, machtlosen Kindes wiedererleben, das für den Abbau dieser Spannungen gänzlich von der Gegenwart der allmächtigen Mutter abhängig ist. Sex wirft uns, ohne unserer sogenannten »genitalen Reife« die geringste Beachtung zu schenken, fortwährend in den Teich dieser primären Empfindungen zurück. Wie ich bereits gesagt habe, ist der Begriff der »genitalen Reife« ohnehin ein weiterer Mythos, eine Phantasie, die darauf abzielt, uns von der ursprünglichen kindlichen Körpererfahrung zu lösen. Wäre es nicht der bequemste Ausweg, das perfekte Ausweichmanöver, wenn dieser Mythos uns davon überzeugen könnte, dass wir die frühkindlichen Gefahren, die das Begehren mit sich bringt, durch den »reifen genitalen Sex« vermeiden können? Doch Sex ist immer mit dem primitiven Bereich kindlicher Körpererfahrung verknüpft. Sex bringt nicht nur die Überlebenden von Traumata, Misshandlung oder Missbrauch in Gefahr. Jeder Mensch, der sexuelle Befriedigung sucht, betritt die gefährliche erotische Zone. Dem Kindheitskörper entwachsen wir niemals vollständig, egal wie »reif« wir werden. Der Kindheitskörper ist stets gegenwärtig – bereit zu erwachen, zu erinnern, zu verlangen, erneut zu verlangen und in die ozeanischen Tiefen primärer Bedürfnisse und Sehnsüchte, Frustrationen und Befriedigungen einzutauchen.

Kein Wunder, dass wir Angst haben. Wenn wir all die Ängste ins Auge fassen, die sexuell durch die Erinnerungen unseres Kindheitskörpers ausgelöst werden, dann ergibt sich eine ganze Liste möglicher Gefahrenpunkte:

- die Verletzlichkeit, die von der nackten Sensibilität und Unschuld eines schutzlosen Babys herrührt
- die erwachsene Verachtung für »kindische Albernheit«, wenn wir in unseren Kindheitskörper zurückkehren und uns auf »regressive« Körpererforschungen einlassen
- ein ideologisches Urteil über politisch korrektes Verhalten
- die Gefahr, dass unbewusste Kindheitserinnerungen heraufgerufen werden und uns in Konflikt mit unserem erwachsenen Selbstbild bringen – oder in Konflikt mit der Geschichte, die wir uns über unsere Kindheit zurechtgelegt haben
- unsere außergewöhnlich hohen Erwartungen, die auf etwas ganz Spezielles gerichtet sind und deren Nichterfüllung zu frühkindlich primitiver Frustration und Wut führt
- die Gefahr, dass die Äußerung derartiger Wünsche und Sehnsüchte Kritik an unserer Geliebten impliziert, die unsere Wünsche und Sehnsüchte noch nicht herausgefunden hat und der wir vermitteln müssen, was wir ersehnen und wie sie es uns geben kann, die dazu vielleicht aber nicht in der Lage ist
- die Angst, dass die Befriedigung solch starker Bedürfnisse verweigert werden könnte, sobald wir sie erst einmal kundgetan haben, und dass das Wissen um unsere Bedürfnisse benutzt werden könnte, um uns zu demütigen und sich über uns lustig zu machen
- die Möglichkeit, dass das Wiedererleben der kindlichen Bedürftigkeit ein Gefühl von verzweifelter Abhängigkeit wecken und unser Gefühl, autonom zu sein, bedrohen könnte

- die Gefahr, dass wir zur »Sex-Sklavin« werden könnten, weil der Genuss, die eigenen Wünsche erfüllt zu bekommen, derart intensiv ist

Petra fand Gefallen daran, diese Liste möglicher Gefahren in unseren Sitzungen aufzustellen. Jeder weitere Punkt verringerte ihre Scham- und Schuldgefühle. Wenn viele Frauen dieses Problem teilten, wenn es nicht allein *ihre* Unfähigkeit, *ihre* Gehemmtheit war, dann bestand vielleicht doch noch Hoffnung. Wenn es weder ihre Schuld war noch die Selenas, dann konnte sie ihre beschämende, tiefste Sehnsucht zugeben: das Bedürfnis, wie ein Baby gehalten und an die Brust gelegt zu werden – während Selena, die Große Mutter, die Göttin, erst sanft und dann etwas weniger sanft Petras Genitalien berührte. Die gegenseitige Akzeptanz dieser Position – das Kind an der Brust der Göttin – bot Petra die magische Geborgenheit, die es ihr ermöglichte, sich der Berührung ihrer Geliebten hinzugeben.

Diese Entdeckung lehrte uns alle drei eine ganze Menge. Ein traditioneller psychologischer Grundsatz besagt, dass infantile Wünsche und erwachsene sexuelle Lust unvereinbar sind. Zusammen mit Perversionen, Fetischen und sonstigen verschleierten symbolischen Ausdrucksformen werden infantile Sehnsüchte zu den Regressionen gezählt, die »reifer Sexualität« im Wege stehen. Insbesondere in Petras Fall hätte eine eher traditionell orientierte Therapeutin vielleicht den Fehler gemacht, sie zu ermutigen, einige dieser »regressiven« sinnlichen Neigungen aufzugeben. Wir hingegen haben erfahren, dass der entgegengesetzte Ansatz den Schlüssel zu ihrer Befreiung enthielt: Der Schlüssel hieß, den Mut zu haben, sich ohne jedwede Beschränkung auf die kindliche Körpererfahrung einzulassen, das Baby an der Brust zu sein und das Genährtwerden durch die Mutter als Ganzkörpererfahrung zuzulassen, einschließlich des genitalen Bereichs. Dies führte Petra in eine Zeit zurück, in der es schlicht keine Trennung zwischen Saugen und sinnlicher körperlicher Befriedigung gab.

Und warum auch nicht? Es ist ja unsere eigene Angst vor der Macht unserer infantilen Körperphantasien, die uns dazu bewogen hat, sie als konträr zu reifer sexueller Erregung einzustufen, es sei denn, wir verschleiern sie, leben sie mit einer Fremden aus, geben uns ihnen unter dem Einfluss von Drogen oder Alkohol hin oder, wie es bei vielen Männern der Fall ist, tragen sie zu einer bezahlten Professionellen.

Was hier so einfach klingen mag (wie der Mythos von der reinen Magie, den wir bereits von seinem Nimbus befreit haben), war, im Fall von Petra und Selena, alles andere als einfach. Es war ein langsamer und oft beängstigender Prozess, in dem die Fortschritte Petra gelegentlich zu überwältigen drohten. Manchmal fand sie, das momentane Erleben sei einfach zu gut, sie habe es nicht verdient, sie wolle lieber wieder fünf Schritte zurückgehen und sich von dem Wunsch nach orgasmischer Lust verabschieden. Sie hatte heftige Auseinandersetzungen mit Selena, suchte Streit mit ihr und mir während der Sitzungen und versuchte gegen das, was sie als »einfach zu bedrohlich« empfand, argumentativ anzugehen. Der Captain des Volleyballteams war nun stets Selena, die beschuldigt wurde, gierig, dominant und unsensibel zu sein ... kurzum: »die Vergewaltigerin«. Falls Petra sich unterwarf, so beharrte sie, würde sie die »feminine« passive Rolle einnehmen, und sie beide würden genau so enden, wie sie es nie gewollt hatten: als ein typisch patriarchales Paar, das zufällig gleichgeschlechtlich war.

Das Ergebnis dieser Streitereien, Auseinandersetzungen und Verteidigungskämpfe lag jedoch stets auf Seiten der Wahrheit. Die Wahrheit, so stellte sich heraus, war nicht politisch korrekt. Sie war nicht einmal politisch. Die Wahrheit lautete, dass Petra, sobald sie einmal davon gekostet hatte, die Verheißung von Ekstase, Glückseligkeit und körperlicher Erfüllung nicht mehr missen mochte. Schritt für Schritt ging Petra voran – und brach oftmals nach dem erfolgreichen Erreichen einer weiteren Etappe in einem Zustand überraschungsvoller Selbsterkenntnis und überwältigender Dankbarkeit zusammen – bei gleichzeitigem Zweifel, ob sie sich ihren Fortschritt würde erhalten können.

Ich bin dieser besonderen Dankbarkeit schon früher und seitdem erneut begegnet. Wenn eine Geliebte von ihrer Partnerin das Geschenk erhält, die Phantasie, den Wunsch, das Begehren oder was auch immer sie bis dahin geheimgehalten hat, ausleben zu dürfen – also das Geschenk erhält, ihren Körper in aller Unschuld in seiner ursprünglichen Genussfähigkeit zu entdecken –, intensiviert sich dieses Gefühl von Dankbarkeit – es überschwemmt die beiden Geliebten, reißt Barrieren ein und bringt sie näher zusammen, als sie es je erlebt haben.

Selena war von ihren gemeinsamen Entdeckungen ebenso überwältigt wie Petra, und dies löste Zweifel an der Güte ihrer eigenen sexuellen Erfahrung aus.

»Ich kann es kaum glauben«, gesteht sie eines Tages gegen Ende unserer Sitzung, »dass ein Mensch, meine Geliebte, Orgasmen hat, die so anders sind als meine. Sie könnten unterschiedlicher nicht sein. Wenn ich sie nicht so gut kennen würde, dann würde ich sagen, sie lässt sich geradezu selig hineinsinken; sie wirkt nicht so erregt wie ich; sie schmilzt, sie schmilzt langsam wie Butter; ihr Atem wird tiefer, sie seufzt ein bisschen, aber nicht viel, und dann beginnt sich dieses unglaubliche Lächeln auf ihrem Gesicht auszubreiten, nein, nicht nur dort, sondern auf ihrem ganzen Leib. Ich selbst schmilze auch dahin, allein vom Zuschauen und Teilhaben. Es ist so sanft – als ob du rücklings auf einer Welle liegst, die dich sicher ans Ufer trägt.«

Sie hält einen Moment inne. Beide Frauen sehen glücklich bewegt aus. Petra drückt ihr die Hand. Selena hat plötzlich Tränen in den Augen.

»Meine Orgasmen kommen mir dagegen jetzt brutal und gewöhnlich vor. Ich weiß nicht, sie kommen zu schnell, sie sind nicht das Wahre, ich schäme mich ihrer jetzt beinahe. Ich will sie nicht mehr. Ich will Petras.«

»Du bist symbiotisch! Siehst du, sie hat es wieder auf Verschmelzung abgesehen ... Und dabei war es angeblich alles meine Schuld. Oder etwa nicht?«

»Vielleicht hat Selena auch ein Geheimnis?«

Selena ist zum ersten Mal seit Beginn unserer gemeinsamen Arbeit den Tränen nahe.

»Ich glaube, ich habe das Gefühl, die ganze Zeit über irgendwie außen vor geblieben zu sein«, gibt sie zu. »Es hat sich immer alles nur um Petra gedreht. Der erwachsene Teil von mir ist sehr glücklich darüber, aber ein anderer Teil von mir ist manchmal auch traurig. Vielleicht sehe ich die Torte mit dem Sahnehäubchen immer noch vor mir, habe aber noch nicht herausgefunden, wie ich sie mir selber holen kann ...«

Wir beschließen, dass Selena im Mittelpunkt unserer nächsten Sitzungen stehen wird.

Selenas Geheimnis

Natürlich besitzt auch Selena ein Geheimnis – wie wir alle. Selena, finden wir jetzt heraus, ist nicht sonderlich erpicht darauf, dass Petra sie in Erregung versetzt und sie durch langsames, sinnliches, subtiles Erforschen ihres Körpers zum Orgasmus bringt. Im Gegenteil – Langsamkeit und Feinfühligkeit ernüchtern sie geradezu. Was sie von Petra möchte, ist das, was Petra mit dem gefährlichen Captain ihres High-school-Volleyballteams erlebt hat – etwas Rauhes und Wildes; ungestümes Begehren; stürmischen, besitzergreifenden Sex. Sie liebt es, schnell zu entflammen, schnell zu kommen, und damit ist es gut. Diese beiden Frauen, die so ineinander verschmolzen und sich so ähnlich schienen in ihrem geteilten Vergnügen an besänftigenden Berührungen, sind tatsächlich vollkommen unterschiedlich. Selena mag es, sich auf Petras glückseligen Zustand als gehätscheltes Baby einzulassen und daran mitzuwirken, und sie findet diese ozeanische, traumversonnene Variante des Liebesspiels ziemlich erregend. Doch was immer Petra für sie tut, gehört nicht in die Kategorie »chilischarf« – der heiße Sex, den sie im Grunde möchte. In dieser Hinsicht ist sie schlicht und einfach nicht wie Petra, obwohl sie Petra für ihre Fähigkeit, infantiles körperliches Glück zu empfinden, bewundert, ja sie sogar darum beneidet. Petras sinnliche Berührungen über all die Jahre haben Selena nichts Neues vermittelt, was die Möglichkeiten anbelangt, ihren erwachsenen Frauenkörper in Erregung zu versetzen. Auch in ihren früheren Beziehungen hat sie in dieser Hinsicht kaum Überraschungen erlebt – Sex erschien ihr immer sehr direkt, unkompliziert und genital orientiert. Er war eine Zeitlang heiß und leidenschaftlich, dann kühlte sich die Sache ab, und das Paar trennte sich und ging zur nächsten Beziehung über.

Und da sind wir nun. Wir stecken fest. Petra kann mit Selena Orgasmen haben. Selena kann allein Orgasmen haben. Sie kann sogar Orgasmen mit Petra haben, aber diese findet sie nicht wirklich erregend. Und Petra wiederum übernimmt nicht gern die Rolle des ungestümen Captains des Volleyballteams – der Vergewaltigerin, wie sie es nennt. Was tun?

Der Durchbruch erfolgt bei einem unvermittelten Eifersuchtsanfall.

Petra berichtet: »Wir waren im Montclair Women's Art and Culture Club, zusammen mit Lakeisha und ihrer Freundin. Plötzlich merkte ich, dass Selena der Sängerin gar keine Aufmerksamkeit schenkt – wie hypnotisiert starrt sie Lakeisha an. Ich stoße sie in die Rippen – vergeblich. Was gibt's da anzustarren? Warum Lakeisha? Sie kennt sie seit Jahren. Es ist nicht zu fassen. Ich konnte es nicht fassen. Lakeisha hatte die Arme erhoben, schwenkte sie zur Musik hin und her, und Selena starrte auf Lakeishas Achselhöhlen. Ich könnte schwören, dass sie sogar versucht hat, sich näher an Lakeisha heranzumachen, ja fast ihre Nase hineinzustecken ... um sie zu beschnüffeln.«

»Hör auf, Herzchen.« Selena stößt sie in die Rippen. »Du übertreibst wirklich.« Doch sie lacht und wird rot.

Petra lässt sich nicht beirren. »Ich übertreibe? Wer hat hier übertrieben? Ich kenne dich. Es hat mich so ... so heiß gemacht ... vor Wut.«

»Heiß vor Wut?« Ihre Formulierung macht mich neugierig. »Du fandest es erregend?«

Die beiden starren erst mich an, dann einander. Sie scheinen völlig perplex zu sein.

»Was hast du angesehen, Selena?« frage ich.

»Verdammt, ich weiß nicht. Ich schätze, ich stehe auf Achselhöhlen. Ja, ich glaube, so ist es. Ich meine, diese wunderschöne braune Haut, unter dem Arm etwas heller, wie ein Tal, das sich plötzlich eröffnet, wenn der Arm gehoben wird, mit seinem fluffigen Bewuchs. Ich weiß nicht. Die Kurven. Ich möchte einfach hingehen und anfangen zu grasen ...«

»Ha, wie poetisch!« schnaubt Petra. »Ich hab noch nie erlebt, dass du meinen Bewuchs stundenlang anstarrst. Ich finde das wirklich kränkend. Du findest also eine andere Frau scharf. Es läuft darauf hinaus, dass du Lakeisha willst, nicht mich. Und sie wird dir sicher ein großartiger Team-Captain sein.«

Ich lasse sie eine Weile zanken. Selena bestreitet, dass sie stundenlang hingeguckt hat; sie schreit zurück, dass Petra unfair sei und schlicht und einfach eifersüchtig; sie gibt zu, dass sie ein-, zweimal hingeguckt hat, sie wisse nicht, warum, es habe nichts zu bedeuten; sie sagt, sie sehe sich sehr wohl Petras Achselhöhlen an, aber Petra scheine das nie zu bemerken, und warum sollte sie auch? Es habe nichts zu bedeuten, überhaupt nichts, beharrt sie.

Petra stemmt die Hände in die Hüften. Sie gewinnt sichtbar an Größe und sagt mit einer untypischen Entschiedenheit: »Zeig mir deine Achselhöhlen!«

Plötzlich fällt mir auf, dass Selena immer Tank-Tops trägt. Sie hebt die Arme. Petra starrt sie an. Selena holt tief Luft und schließt die Augen, als ob ihr das alles zuviel wäre. Dann drückt sie den Rücken durch, ihre Brüste wölben sich vor, und ein Ausdruck ungeheurer Erleichterung breitet sich auf ihrem Gesicht aus. Ihr ganzer Körper entspannt sich und bietet sich dar.

150

»Junge, Junge!« sagt Petra.

»So«, sagt Selena und öffnet die Augen einen Spaltbreit. Sie lässt die Arme sinken, kreuzt sie vor der Brust und legt sich die Hände um die Schultern. Wieder holt sie tief Luft. »Jetzt weißt du es also.«

»Wissen? Was soll ich wissen? Was erwartest du jetzt von mir?« Petra versucht ein verräterisches Grinsen zu unterdrücken.

Ich mische mich ein. »Ich hatte den Eindruck, du wusstest sehr genau, was du tun solltest, als du Selena angesehen und ›Junge, Junge‹ gesagt hast.«

Selena kichert. »Dass Petra ›Junge, Junge‹ sagt ... Nicht gerade p.c., oder? Ich find's toll. Herzchen, mach nur, wir haben es geschafft!«

Selenas Achselhöhlen waren die Pforte, ihr »Sesam, öffne dich«; Petra musste sich nur mit Küssen und Bissen auf die Pforte stürzen, um Selena in sexuelle Verzückung zu versetzen. Petra ließ sich von dieser Entdeckung inspirieren und erfand ein Spiel, das sie »Trüffeljagd« nannte. Es gab ihr einen Kick, wenn sie die Rolle des Wildschweins übernahm, das im fluffigen Bewuchs herumstöberte, um begierig auszugraben, was dort verborgen lag. Diese Phantasievorstellung erlaubte ihr, eine frechere Seite an sich zu zeigen, was sie wiederum anmachte. Sobald sie einmal die Furcht überwunden hatte, als »Vergewaltigerin« zu gelten, und statt dessen »Captain Pig« sein konnte, war sie in der Lage, sich auf den spielerischen Ausdruck dessen einzulassen, was sie zuvor als »Sex-Gier« bezeichnet hatte.

Dem Körper die Scham nehmen

Wir fragen uns vielleicht, warum Selena diese geheime Stelle ihres Begehrens nicht gekannt hat; warum sie, die das ABC der Zärtlichkeit so gut beherrscht, die intime erotische Macht ihrer Achselhöhlen nicht früher bemerkt hat.

Selena versucht diese Frage zu beantworten. Wie kann die Achselhöhle eine legitime erotische Zone sein, wenn sie doch gewöhnlich als eher anrüchig gilt? Frauen in der westlichen Welt werden fortwährend daran erinnert, diese Stelle zu kaschieren, zu bedecken, zu rasieren, zu waschen, zu parfümieren, zu deodorieren – kurzum, die Achselhöhlen aus dem Blickfeld und dem Bewusstsein zu verbannen und vor der sinnlichen Erkundung als erotische Zone zu bewahren. Vielleicht weil sie entfernt an die Genitalien erinnern – ein verborgener Ort, der nur sichtbar wird, wenn wir die Arme heben und Haar zeigen? Selena hat sich ihrer Achselhöhlen natürlich nicht im mindesten geschämt. Sie hat sie nicht rasiert, sich nicht in Deodorant gehüllt, und sie trug meistens enthüllende Tank-Tops. Dennoch hat ihre Natürlichkeit ihr nicht gestattet, die unbewusste Barriere der Scham zu überwinden und sich ihre Achselhöhlen als wichtigen Ort des Begehrens bewusst zu machen.

Brustbehaarung, buschige Augenbrauen, Gesichtsbehaarung, ein Doppelkinn, Speckröllchen, haarige Beine, ein haariger Bauch, Zellulitis – das sind einige der mehr offenkundigen Attribute, für die Frauen sich schämen sollen, und die List könnte problemlos eine ganze Seite füllen. Ja, sie könnte sogar so lang und detailliert werden, dass wir bald zu der Erkenntnis gelangten, dass kein Teil des weiblichen Körpers davor gefeit ist, Scham zu erzeugen.

In meiner Muttersprache, im Deutschen, kommt diese Haltung dem Frauenkörper gegenüber offen zum Ausdruck. Die weiblichen Genitalien heißen buchstäblich *Scham,* und das ist kein Slang, kein ordinäres Wort, sondern der normale hochsprachliche Ausdruck. Entsprechend ist die Rede von *Schamlippen* und vom *Schamhügel.* Und die Spitzen der Brüste werden Brust*warzen* genannt, was nicht sonderlich appetitlich klingt.

Für die meisten von uns – in den meisten Kulturen – ist der weibliche Körper ein Ort schamerfüllter Peinlichkeit, und das gilt ungeachtet dessen, ob die Sprache dieser Frau das offen zum Ausdruck bringt. Kein Wunder, dass es selbst einer Frau, die so erfahren ist wie Selena, lange Zeit ihres Lebens nicht gelungen ist, die Barriere der Scham zu überwinden und den geheimen Ort ihrer intensivsten erotischen Erregung zu finden.

Selena, Petra und ich haben einige interessante Entdeckungen gemacht und gemeinsam über die Erfahrung und die Auswirkungen von Scham spekuliert. Wir haben eine weitere Liste erstellt, um zu verdeutlichen, wie unsere Gesellschaft die sexuelle Erfahrung von Petra und Selena einstufen würde:

- Es geht dabei gar nicht um Sexualität – es ist schlicht regressives Körperverhalten.
- Genitale Reife ist nicht erreicht.
- Petras ozeanische Orgasmen mit ihrem Fokus auf klitorale Stimulierung sind ein klarer Hinweis auf ihre Unfähigkeit, reife vaginale Erfüllung zu suchen, zu begehren oder zu erlangen.
- Selenas Wunsch, dass Petra sich ihren Achselhöhlen widme, birgt die Weigerung, »reife« Bruststimulation zu erfahren.
- Die Tatsache, dass Selena das Empfinden oder die Phantasievorstellung von Penetration hegt, wenn ihre Geliebte

ihre Achselhöhlen küsst oder hineinbeißt, ist Ausdruck eines beinahe fetischhaften Beharrens darauf, dass ihre Geliebte tatsächlich einen Penis besitzt.

- Die Art und Weise, wie sich die beiden Frauen genussvoll erregen lassen, ist ein Zeichen für ihr obsessives Festhalten an perversem infantilem Verhalten.

Kurzum: Diese beiden Frauen sind die perversen, polymorphen Anti-Heldinnen aus Freuds berühmter Abhandlung über Sexualität.

Als wir diese ironisch gemeinte Liste der Tabus erstellten und diskutierten, haben wir viel gelacht – wir haben so manchen köstlichen Moment gehabt, als wir Autoritäten und deren Thesen zum Thema weiblicher Körper und weibliche Sexualität zitiert und verworfen haben. Wir stimmten darin überein, dass es praktisch an ein Wunder grenzt, wenn eine Frau ihren Körper und seine subjektive Geographie kennt.

Die meisten Paare, mit denen ich gearbeitet, die meisten Frauen, mit denen ich gesprochen habe, die meisten meiner Freundinnen und ehemaligen Geliebten haben das eine oder andere schambesetzte Körpergeheimnis aufgedeckt. Zu meiner anfänglichen Überraschung enthielten alle diese schambesetzten Zonen ein enormes erotisches Potential.

Wir könnten ein halbes Buch füllen mit den verborgenen Geheimnissen von Füßen und Zehen, Ellbogen und Knien, der Hautfalte hinter ihrem Ohr, dem Genuss, den es bereitet, wenn das Auge geleckt wird, dem Beißen und Nagen an ihrem Hüftknochen, den Fingern, die ihre Nase hinaufkitzeln – allesamt auf den ersten Blick unschuldig, allesamt jedoch schambesetzt, wenn es darum geht, einer Geliebten zu sagen, dass wir genau das am liebsten haben, vielleicht sogar am meisten brauchen, um wahrhaftig erregt zu werden. Selena verfügte über eine ganze Kollektion von »unschuldigen« Körpergenüssen, und doch konnte nicht einer davon sie in heiße Erregung versetzen – bis auf die Achselhöhle.

Eine Frau, die sich mir anvertraut hat, hielt ihren Wunsch nach analer Lust immer für ein schmutziges, ekelerregendes Bedürfnis. Was sie an ihrem Körper am meisten verabscheute, war das kitzelnde Gefühl an dem verborgenen Ort »da unten«. Alles, was sie sich traute, war, davon zu träumen – und über irgendeine Fremde zu phantasieren, der sie eines Tages in ihrer Stammkneipe begegnen würde.

Für diese Frau war es anfangs ein ziemlicher Schock, als sie eine Geliebte fand, die ihren Körper mit großem Eifer erkunden wollte. Auf die Rückversicherung folgte die zaghaft erteilte Erlaubnis weiterzuforschen. Nach einigen Jahren schließlich führte dies zu einem alles erschütternden analen Orgasmus, den die Frau zunächst gar nicht wahrhaben mochte, obwohl sie ihn doch erlebt hatte.

Es gibt in unserer Kultur natürlich einen Ort, an dem es erlaubt ist, schambesetzte sexuelle Wahrheiten auszusprechen und in die Tat umzusetzen. Wir finden ihn, wo wir »erotische Fremde« finden: in Sex-Clubs, an Straßenecken, in öffentlichen Toiletten, in Peep-Shows, in den professionell ausgestatteten Phantasieräumen moderner Bordelle, in Pornoheften, in den Chatrooms des Internet.

Wie interessant.

Wie kommt es, dass dieser bemerkenswerte Schatz gewöhnlich eher für Geld angeboten wird als für Liebe? Die Antwort auf diese Frage kennen wir. Wenn du zahlst, hast du alles unter Kontrolle und das Risiko, dich zu verlieren, wird in Schach gehalten. Wenn du genug hast, zahlst du und gehst. Wenn es gefährlich war, gehst du nicht wieder hin. Du bist per definitionem immer mit einem Menschen zusammen, der dir untergeordnet ist, der dazu da ist, dir zu Willen zu sein, und der dafür bezahlt wird, sich kein Urteil über deine Wünsche zu erlauben. Du kannst dich in all deiner prächtigen Scham zeigen, ohne ein echtes Risiko einzugehen, erkannt zu werden.

Frauen besuchen gewöhnlich keine Prostituierten, aber sie teilen die allgemeine kulturelle Faszination, die von dem oder der erotischen Fremden ausgeht. Wie kommt es, dass selbst Frauen die Schatzkammer sexueller Geheimnisse eher einer Fremden öffnen als der intimsten Sexpartnerin?

Auch darauf kennen wir die Antwort.

Einer Fremden peinliche Wahrheiten anzuvertrauen birgt nur ein geringes Risiko, denn wir werden sie wahrscheinlich niemals wiedersehen. Sie weiß nicht, wer wir sind, und kann nicht beurteilen, ob unsere Enthüllungen in scharfem Kontrast zu der Art und Weise stehen, in der wir uns gewöhnlich zeigen. Mit ihr zusammen betreten wir höchstwahrscheinlich ein Reich der Phantasie, in dem es ein Leichtes ist, die Identität zu wechseln und alles hinter uns zu lassen, was unser Leben gewöhnlich ausmacht. Wir tragen keine Verantwortung für die Zukunft der Fremden oder die Beziehung, und deshalb sind unserem Selbstausdruck kaum Grenzen gesetzt.

Wie überaus interessant.

Diese privaten, sinnlichen, erotischen Sehnsüchte werden eher mit Fremden verwirklicht und aus den intimen, von Vertrauen und Liebe geprägten Langzeitbeziehungen herausgehalten, statt sie willkommen zu heißen und sie wegen ihrer Fähigkeit, Intimität zu erzeugen und die Beziehung vor erotischer Langeweile zu retten, zu hegen und gar zu feiern.

Erotische Strategien

Der Ansatz, den wir in diesem Buch verfolgt haben, ist ein zutiefst weiblicher Ansatz. Wir Frauen sind ganz besonders begabt darin, die Wahrheit zu einem Beziehungsanliegen zu machen, das Aufdecken von Geheimnissen interaktiv zu gestalten und die Erkundung unseres eigenen Körpers von der Vertrautheit und Geborgenheit abhängig zu machen, die im Austausch mit unserer Partnerin gegeben sind. Um dieses Ziel zu erreichen, müssen wir eine längere Phase des Nicht-Wissens durchleben, während wir gemeinsam das Wissen erwerben, das unsere Kultur uns vorenthalten hat: das Wissen um uns und die Farben unserer Lust, um unsere schambesetzten wie unsere lustvollen Körper.

So wie Paare ihren individuellen Kosenamen für den Lernort Liebe finden müssen, ist es sinnvoll, uns einen zärtlichen, witzigen, albernen, inspirierenden Namen für die Strategie auszudenken, die es uns erlaubt, unsere jeweiligen Geheimnisse ans Licht zu bringen. Bei Petras »Trüffeljagd« wird der Körper der Geliebten zum köstlichen Wald voller »fluffigem Bewuchs« und Versteckmöglichkeiten. Ein anderes Paar hatte eine Vorliebe für afrikanische Tiere und schickte Antilopen, Gazellen und langfingrige Giraffen über ihre Körperweiden zum Grasen und Stöbern. Eine Freundin von mir fand heraus, dass ihr Totemtier der Elefant ist, und sie stellte überrascht fest, dass sich ihr Mund in einen außerordentlich agilen, wissenden Rüssel verwandeln konnte. Eine andere Freundin erfand »das kleine U-Boot«, eine Technik, die darin bestand, Luft wie kleine zerplatzende Blasen durch die Lippen entweichen zu lassen. Wenn sie an einer besonders empfindsamen Stelle des Körpers ihrer Geliebten abtauchte, rief das kleine U-Boot explosionsartige Reaktionen hervor und konnte unverhoffte orgasmische Wunder erzeugen.

Manchmal liegt das schambesetzte Geheimnis in einer Phantasie verborgen. Eine meiner Klientinnen, eine Avantgarde-Dichterin, die populäre Literatur verabscheute – insbesondere blutrünstige Stoffe und Vampirgeschichten –, konnte es nur schwer fassen, dass es geradezu einen Taumel auslöste, der sich zu einem ausgefeilten sexuellen Vampirspiel entwickelte, wenn ihre Geliebte sie spielerisch in die Kniekehle biss.

Der von Scham befreite, subjektive Körper wird von jeder Frau auf ihre eigene Weise wieder zum Leben erweckt. Wir können uns Wege zum unbekannten Kontinent unserer Körper erschließen, wenn wir wahrnehmen und berücksichtigen, was uns erregt und was nicht. »Phantasiebeichten« zwischen Liebenden können ebenso erhellende wie erregende Erfahrungen sein. Kleine Phantasien können große Geschichten darüber erzählen, wo wir – sexuell gesprochen – herkommen und wo wir hinmöchten.

Eine weitere gute Technik, um die Furcht vor schamvoller Enthüllung zu überwinden, besteht darin, sich an einen sicheren Ort zurückzuziehen, beispielsweise das Bett, und das miteinander zu tun, was manche Paare als »Murmeln« bezeichnen. Murmeln kann übersetzt werden als sehr leise sprechen – das, was nicht gesagt werden kann oder darf, wird der Geliebten ins Ohr geflüstert. Ist dieser Begriff einmal eingeführt, wissen beide Partnerinnen, dass einer von ihnen etwas auf der Seele liegt, das erzählt werden will, wenn sie »murmeln« möchte. Es kann sich dabei um ein Geheimnis handeln oder um eine schambesetzte Sehnsucht oder um eine Verletzung. Einen Namen für diese Praktik zu haben erleichtert die Aufgabe. Einen besonders ansprechenden oder witzigen Ausdruck oder einen Kosenamen dafür zu haben nimmt schon gleich zu Anfang die halbe Angst vor dem Erzählen.

Phantasiebeichten und Murmeln gehören zu einer Palette von Strategien, die viele Frauen als Rituale bezeichnen. Der Begriff Ritual beinhaltet für sie einen Ort und einen Vorgang, der mehr oder weniger regelmäßig inszeniert und reinszeniert werden kann. Sie meinen damit einen Ort, der einzig zwischen ihnen beiden existiert, einen Ort, den sie geschaffen haben, indem sie einem Seelenbedürfnis Form verleihen. Sie meinen einen Prozess, der einigen einfachen, bedeutsamen Regeln folgt. Zum Beispiel wird eine Kerze angezündet, ein Räucherstäbchen angesteckt, ein Lieblingssong aufgelegt, um die Geister zu rufen, die benötigt werden, um eine schwierige Aufgabe zu bewältigen. Wenn wir ein Risiko eingehen, möchten wir uns unter Schutz begeben. Ein Paar, das ich kenne, schlägt einen bestimmten Weg ein, um sich in einem wunderschönen kleinen Wäldchen an einen See zu setzen. Unterwegs lesen sie Kieselsteine auf, und wenn sie dann ihre Ängste und ihre Wünsche benennen, werfen sie jedesmal einen Kiesel in den See.

»Das Wasser kümmert sich darum«, haben sie mir erzählt. »Es trägt unsere Wünsche ins Meer und in den Himmel zurück, wo sie zu Regen werden. Jedesmal wenn wir einen Stein ins Wasser werfen, sagen wir zusammen: »Möge es so sein.« Und wir haben das Gefühl, auf diese Weise wird es auch geschehen, es wird sich erfüllen. Und weißt du was? Das tut es tatsächlich.«

Andere Frauen, die ich kenne, führen Angstrituale durch. Sie schreiben das, was ihnen am meisten Angst bereitet, auf kleine Zettel, lesen sie einander laut vor und verbrennen sie dann in der Flamme einer besonderen Kerze, die sie für diesen Zweck angezündet haben.

Das sind nur einige wenige Beispiele für Techniken oder Praktiken, die es leichter machen, die Wahrheit direkt aus dem Herzen oder aus dem Bauch sprechen zu lassen. Sie alle zeichnen sich dadurch aus, eine bekenntnishafte Nähe zwischen zwei Partnerinnen zu erzeugen, die direkt zur körperlichen Liebe führt, manchmal sogar mitten im Wald. Es ist eine atemberaubende, risikoerfüllte Intimität, in der Wahrheitsliebe und Körperliebe, heißer Sex und intime Leidenschaft eins werden.

Das muss nicht länger wie ein Paradox klingen. Gewiss, unsere Kultur vermittelt uns fortwährend und auf jede erdenkliche Weise genau das Gegenteil: Heißer, genussvoller, erfüllender Sex ist nicht von Dauer; er gehört dem leidenschaftlichen Beginn einer Beziehung an oder der Begegnung zwischen zwei Fremden; er gedeiht durch Distanz, Entfremdung, Streiterei; er erfordert Gewalt, wie wir bereits detailliert besprochen haben. Doch mittlerweile haben wir entdeckt, dass Vertrauen und Geborgenheit Voraussetzungen für andauernde, leidenschaftliche Intimität sind. In einer längeren Liebesbeziehung kann die Wahrheit erarbeitet und zunehmend verfeinert werden. Mit großer Wahrscheinlichkeit gibt sich der Kern der Wahrheit nicht zu erkennen, bevor die Beziehung nicht gereift ist und beiden Partnerinnen ermöglicht, ihre kulturell und gesellschaftlich anerzogene Scham zu überwinden.

Wie bitte?

Eine Sexualität, die wir uns kaum auszumalen wagen?

Gereift zwischen zwei Menschen, die sich lange genug kennen, um äußerste Risiken einzugehen?

Die Sexualität, nach der wir uns leidenschaftlich sehnen, wartet in eben jenem Bett auf uns, das wir für den Ort des Bettentodes gehalten haben?

Jede Wette!

Literatur

Allison, Dorothy: »Public Silence, Privat Terror«. In: *Skin: Talking about Sex, Class & Literature* (Ithaca: Firebrand Books, 1994), S. 112

Bohan, Janis S., und Glenda M. Russell (Hg.): *Conversations about Psychology and Sexual Orientation* (New York: New York University Press, 1999)

Susie Bright: *Best of Susie Sexpert* (Berlin: Verlag Krug & Schadenberg, 2001)

Califia, Pat: *Wie Frauen es tun* (Berlin: Orlanda Frauenverlag 2002; früher unter dem Titel *Sapphistrie. Das Buch von der lesbischen Sexualität)*

Califia, Pat: *Das SM-Sicherheitshandbuch* (Wunsiedel: ikoo, 1992)

Freud, Sigmund: *Drei Abhandlungen zur Sexualtheorie und verwandte Schriften* (1904/5)

Iasenza, Suzanne: »The Big Lie: Debunking Lesbian Bed Death«. In: *In the Family. The Magazine for Lesbians, Gays, Bisexuals and their Relations* (April 1999), S. 8

Kay, Manuela: *Schöner kommen* (Berlin: Querverlag, 2000)

Lorde, Audre: *Sister Outsider* (Freedom, CA: The Crossing Press, 1984), S. 10, 128. Teilweise auf deutsch zusammen mit anderen Texten und Gedichten in: *Lichtflut. Neue Texte* (Berlin: Orlanda Frauenverlag, 1988)

Minkowitz, Donna: *Ferocious Romance: What My Encounters with the Right Taught Me about Sex, God, and Fury* (New York: The Free Press, 1998)

Newman, Felice: *Sie liebt sie* (Berlin: Orlanda Frauenverlag, 2000)

Reich, Wilhelm (1927): *Die Funktion des Orgasmus* (Köln: Kiepenheuer & Witsch, 1987)

Rich, Adrienne: *On Lies, Secrets, and Silence: Selected Prose 1966-1978* (New York: Norton & Co., 1979), S. 188. Teilweise auf deutsch in: *Macht und Sinnlichkeit. Ausgewählte Texte.* Hg. von Dagmar Schultz (Berlin: Orlanda Frauenverlag, 1991)

Dies.: »Compulsury Heterosexuality and Lesbian Existence«. In: *Signs: Journal of Women in Culture and Societey V, 4* (Sommer 1980). Deutsch: »Zwangsheterosexualität und lesbische Existenz«. In: *Macht und Sinnlichkeit. Ausgewählte Texte.* Hg. von Dagmar Schultz (Berlin: Orlanda Frauenverlag, 1991), S. 138-168

Schulte, Christa: *Tantra für Genießerinnen* (Berlin: Verlag Krug & Schadenberg, 2001)

Steinem, Gloria: »Ms. Behavin' Again«. Interview von Claudia Dreifus. In: *Modern Maturity* (Mai/Juni 1999), S. 53

Wolf, Naomi: *Promiscuities: The Secret Struggle for Womanhood.* (New York: Fawcett Columbine, 1997), S. 181

Originaltitel: *True Secrets of Lesbian Desire.*
Keeping Sex Alive in Long-Term Relationships
Published 2003 in the United States by North Atlantic Books
P.O. Box 12327, Berkeley, CA 94712
First published in the United States by Edgework Books as
Love's Learning Place – Truth as Aphrodisiac in Women's Long-Term Relationships
Copyright © 2003 by Renate Stendhal

Stendhal, Renate:

Die Farben der Lust – Sex in lesbischen Liebesbeziehungen
Aus dem amerikanischen Englisch von Andrea Krug
in Zusammenarbeit mit Renate Stendhal
ISBN 978-3-930041-75-6
Alle Rechte vorbehalten
© 2004, 2010 Verlag Krug & Schadenberg, Berlin
2. Auflage 2010

Satz und Gestaltung: Grafikbüro Schadenberg, Berlin
Coverfoto: Christiane Pausch, Berlin
Druck: CPI – Clausen & Bosse, Leck

Wir schicken Ihnen gern unser kostenloses Gesamtverzeichnis:
Verlag Krug & Schadenberg, Hauptstr. 8, 10827 Berlin
Tel. (030) 61 62 57 52, Fax (030) 61 62 57 51
info@krugschadenberg.de, www. krugschadenberg.de

Erste Liebe –
späte Liebe

Flannery Jansen betritt eine neue Welt. Sie ist Erstsemesterin an einer Universität an der Ost küste.

In einem Diner beim Campus entdeckt sie eines Morgens eine faszinierende Frau, die in ein Buch vertieft ist: Anne Arden, Dozentin im Fachbereich Literaturwissen schaft – selbstbewusst, welt gewandt, lebenserfahren. Und für Flannery die schönste Frau der Welt …

»Ein poetischer, kluger, anrührender Roman über die Liebe.«

Sylvia Brownrigg
Geschrieben für Dich
288 Seiten, gebunden
ISBN 978-3-930041-45-9

Nach fünfundzwanzig Jahren Ehe begegnet Mrs. Medina, eine kultivierte Dame von neunundfünfzig Jahren, einer Frau, die ihr nicht mehr aus dem Sinn geht: der jungen Blumenverkäuferin Lennie. Und diesmal lässt sie geschehen, was sie sich viele Jahre zuvor versagt hat. Sie sucht die Begegnung mit Lennie, und eine zarte Romanze entspinnt sich zwischen den beiden Frauen ...

Ann Wadsworth
Mrs. Medina
432 Seiten, gebunden
ISBN 3 - 930041 - 55 - 8